Para Roberto Calasso

Para Roberto Calasso

Edición de Jorge Herralde

Con la participación de Gustavo Guerrero, Basilio Baltasar,
Edgardo Dobry, Yasmina Reza y Carlo Feltrinelli

EDITORIAL ANAGRAMA
BARCELONA

Ilustración: fotografía de Roberto Calasso. © M. T. Slanzi, 2007

Primera edición: mayo 2022

Diseño de la colección: lookatcia.com

© De la edición, Jorge Herralde, 2022

© EDITORIAL ANAGRAMA, S. A., 2022
  Pau Claris, 172
  08037 Barcelona

ISBN: 978-84-339-1661-7
Depósito Legal: B. 2176-2022

Printed in Spain

Romanyà Valls, S. A., Sant Joan Baptista, 35
08789 La Torre de Claramunt

NOTA DEL EDITOR

La inesperada muerte de Roberto Calasso, extraordinario editor y escritor, resultó muy dolorosa para cuantos lo queríamos y admirábamos y causó un gran impacto en el ámbito literario y cultural. Muy pronto se le rindieron varios homenajes. En Chile, mi buena amiga Loreto Villarroel, al frente de «La Ciudad y las Palabras», me propuso una conversación con Fernando Pérez, director del Museo de Bellas Artes de Chile y buen conocedor tanto de la trayectoria de Anagrama y Adelphi como de la obra literaria del propio Calasso.

En Sevilla, durante las «Jornadas de Formentor», el infatigable Basilio Baltasar organizó un tributo a nuestro amigo en el que participaron, entre otros, Gustavo Guerrero, Antoine Gallimard, Jordi Gracia, Michi Strausfeld y yo mismo.

De las notas que tomé en ambas ocasiones surge el primer texto que firmo en este volumen,

7

en el que he querido evocar más de cuarenta años de amistad entre libros.

Gustavo Guerrero, ensayista que obtuvo en su día nuestro Premio de Ensayo, y desde años estrecho colaborador de Antoine Gallimard y responsable de la literatura española traducida al francés en la *maison,* ha resumido excelentemente la trayectoria editorial de Calasso en Adelphi. Basilio Baltasar, impulsor de tantos proyectos excelentes y director de las Jornadas de Formentor (premio que resucitó brillantemente), escribe con erudición sobre la faceta de intelectual de Calasso como intérprete contemporáneo de las narraciones mitológicas que cada generación necesita actualizar

Por su parte, Edgardo Dobry, el traductor de casi todas las obras de Calasso al español, se ha ocupado del Calasso escritor, además de rescatar la traducción del discurso que pronunció Calasso cuando le fue otorgado el Premio Formentor, al que sigue un texto mío sobre dicho galardón.

Asimismo, la francesa Yasmina Reza, buena amiga de los dos y autora traducida en Adelphi y en Anagrama, comparece con un breve y afilado texto marca de la casa

Y cierra el libro un breve e imprescindible escrito de Carlo Feltrinelli, también amigo de ambos desde hace muchos años.

Gustavo Guerrero,
Lecciones de los maestros

En los textos que componen este libro, Jorge Herralde asienta un testimonio de la amistad que lo unió al escritor y editor Roberto Calasso (1941-2021) y da cuenta además de la importancia que el proyecto editorial de Adelphi, la casa que el italiano fundara a principios de los años sesenta, tuvo en la trayectoria de Anagrama. Se trata básicamente de dos semblanzas que, a modo de homenaje, esbozan un emotivo retrato intelectual y moral de esta gran figura de la literatura y la edición que nos ha dejado recientemente. Aunque la de Formentor fue escrita en vida de Calasso y la primera fusiona dos textos redactados a título póstumo, el lector podrá comprobar que existe una palpable continuidad entre ellas. Y es que no solo las reúne esa prosa suelta, inteligente e irónica que es seña de identidad de Herralde, sino tam-

11

bién una equilibrada trama en la que alternan, entre otras cosas, las anécdotas personales y los comentarios sobre autores y libros, el recuento de un itinerario profesional y los secretos de una complicidad de medio siglo, la sátira mordaz de nuestra eterna feria de vanidades, como en cierta *crónica azteca* del Salón de París donde aparecen juntos, y también –y sobre todo– el recuerdo de las pasiones literarias compartidas (Nabokov, Sebald, Carrère...) y la evocación del combate que ambos libraron por hacer de la edición un arte no menos exigente que la propia escritura.

A mi modo de ver, uno de los recorridos más provechosos que puede hacerse de este ensayo nos invita a focalizarnos justamente en dicho combate y en la influencia decisiva que tuvo en la relación entre los dos hombres. Muchas páginas de las tres semblanzas no se entienden si no se lo tiene en cuenta, pues Herralde lee aquí a Calasso menos como al autor de *Las bodas de Cadmo y Harmonía* (1990) o *La Folie Baudelaire* (2011) que como al brillante y controversial ensayista de *Cien cartas a un desconocido* (2007) y *La marca del editor* (2014), dos libros en los que rompió más de una lanza a favor de la edición independiente y en los que planteó algunas preguntas incómodas y necesarias sobre la crisis de la industria editorial a comienzos del siglo XXI. Para dar el contexto y recobrar algo del espíritu de la época, vale la pena citar a André Schiffrin (autor de Anagrama, por cierto), quien, en su libro de 2001 *The Business of Books,* fue uno de los primeros que hizo sonar la alarma y señaló que las transformaciones por las que estaba atravesando el mundo de la edición podían desembocar a corto plazo no solo en el monopolio de unos cuantos grupos sometidos a las exigencias del capital financiero, sino en la desaparición pura y simple del tradicional papel del editor como mediador literario, intelectual y cultural. Es en este sentido en el que Schiffrin afirmaba que la edición probablemente había cambiado más en las últimas décadas del siglo XX que en toda su ya larga historia.

Calasso y Herralde pertenecen a la generación que vivió en carne propia ese proceso de rápidas, truculentas y profundas transformaciones, marcado por fenómenos como la aparición del libro electrónico, el surgimiento de las plataformas de distribución en línea, la alta concentración empresarial en las distintas ramas del sector y la entronización de nuevos actores como los agentes y los scouts. Sin embargo, en vez de seguir buenamente la corriente y adaptarse a los

13

nuevos esquemas de producción, difusión y recepción del libro, los dos van a hacer de estos cambios –y de algunos más que no menciono– un objeto de reflexión continua que les permite tomar distancia ante el nuevo paisaje que se configura en esos años y les conduce a redefinir críticamente su labor. Así como la noción de pintura figurativa solo puede concebirse cuando aparece una pintura abstracta, así la noción de editor independiente que por entonces los dos construyen, encarnan y comparten presupone una mudanza de horizontes tan radical y extensa como la que tuvo lugar en la industria de la edición entre fines del siglo XX y comienzos del XXI. Y es que no se trata solo de un concepto económico o financiero, como erradamente se ha creído, sino de un modo de entender y de practicar el oficio que, partiendo de una reflexión general sobre lo que significa hacer libros, presenta un buen número de facetas bastante más variadas y complejas. Herralde parece destacar esencialmente tres en la lectura que hace del proyecto de Adelphi, quizás porque son justamente esas las que dibujan mejor el vínculo que lo uniera a Calasso tanto personal como profesionalmente.

La primera es la implementación de una política de autor, es decir, la publicación no solo de libros sino de obras; es decir, el seguimiento del trabajo de los escritores de la editorial (y de las generaciones emergentes); es decir, la preocupación constante por actualizar los cánones antiguos y modernos. «La estrategia de Adelphi», escribe Herralde en la primera semblanza, «se ha caracterizado por un proyecto inconfundible con la renuncia a lo «actual», a lo visible estentóreamente, a los títulos que pregonan los scouts y los agentes literarios.» Y agrega de seguido con realismo: «Esos combates, por otra parte, están perdidos de antemano ante unos rivales financieramente demasiado potentes.» Tiene toda la razón: los grandes grupos de prensa, edición y comunicación surgidos en los últimos treinta años siempre han dispuesto de una capacidad financiera muy superior a la de cualquier editor mediano o pequeño. Pero hay que matizar enseguida esta verdad de Perogrullo diciendo que esos mastodontes son a menudo administrados con criterios de rentabilidad por título y a corto plazo que los convierten en rehenes de los *big books* o *blockbusters,* los cuantiosos, caros y urgentísimos libros que, según agentes y scouts, estarían llamados a devenir superventas, aunque en realidad las más de las veces acaben en fracasos. No es otra, *hélas,* la lógica que se instala en el negocio del libro y se erige en tendencia do-

15

minante. Implementar una política de autor en semejante contexto no solo significa, como se habrá entendido, ir contra la corriente con todos los riesgos que ello implica, sino tratar de escapar asimismo del histérico presentismo que los mercados contemporáneos quieren imponer dentro del mundo de la edición y que se traduce en la propensión a valorar solo lo más reciente, lo más visible y lo que ofrece resultados más rápidos. Herralde nos recuerda que Adelphi nace del proyecto de retraducir, traducir textos inéditos y reeditar las obras completas de Nietzsche y que su política de autor se afianza con los años hasta constituir uno de los catálogos más sólidos y reconocidos de Europa. Por su parte, Anagrama lanza desde los años noventa su Biblioteca de la Memoria con el *James Joyce* (1991) de Ellmann y hace de esa colección de biografías un canon vivo de la literatura moderna, mientras va publicando paralelamente a Beckett, Carver o Lampedusa en su Panorama de narrativas y crea la Biblioteca Nabokov. Ambas editoriales combinan además la publicación de grandes clásicos del siglo XX, como Colette o Artaud, y el acompañamiento de la obra de escritores emergentes, como, en su momento, Roberto Bolaño –y, en el caso particular de Anagrama, tantos y tantos otros latinoamericanos–. Creo que

16

lo esencial, sin embargo, y lo que, en mi opinión, más acerca a Herralde y a Calasso en ese momento, es la reivindicación, a través de sus políticas de autor, de un tiempo *otro* para la tarea del editor: no necesariamente un tiempo más lento sino más largo, una temporalidad alternativa y más densa que haga de la edición un dispositivo eficaz para reconectar pasado y futuro, y le devuelva a nuestra cultura una concordancia y una coherencia que un desmemoriado presentismo se empeña en echar por la borda todos los días. No en vano, en *La actualidad innombrable* (2018), el gran maestro italiano acusaba a nuestro siglo una y otra vez de «inconsistente»

El segundo punto de convergencia entre nuestros dos editores parece, a primera vista, más simple pero no es por ello menos significativo. Herralde lo introduce así: «En el texto "Los libros únicos", Calasso relata los primeros años de Adelphi, con Luciano Foà al frente, que, tras diez años como secretario general de Einaudi, decidió hacer algo radicalmente distinto, con una regla de oro: "En una editorial, como en un libro, nada es irrelevante, no hay nada que no requiera la máxima atención."» Es esta la norma que el joven Calasso interioriza como uno de los principios axiales de su labor y que más tarde lo vincula con el trabajo de su colega y amigo catalán. Se puede decir en una frase, pero puede suponer días, semanas y hasta meses de desvelo: el papel, la tipografía, la composición, las portadas, las contraportadas, los lomos, las solapas..., cada aspecto de la fabricación material del libro cuenta y ninguno debe descuidarse o dejarse al azar. Hay ciertamente un amor al detalle que se hace patente en los distintos títulos y colecciones de Adelphi y Anagrama, como todos lo reconocemos dentro y fuera de la profesión. Pero, detrás de esta idea de que cada libro es en sí un «libro único», se esconde algo más que un simple prurito de esteticismo, algo que resulta determinante para entender la tarea del editor independiente según Calasso y Herralde: a saber, la clara conciencia del aporte esencial que hace el trabajo editorial a la producción del sentido de una obra. Bien lo decía Roger Chartier en uno de sus ensayos: «Los autores no escriben *libros,* no, los autores escriben *textos* que se convierten en objetos grabados, impresos y ahora informatizados. Esta brecha entre texto y libro, que es precisamente el espacio en el que se construye el sentido, ha sido olvidada con demasiada frecuencia...» En efecto, a menudo no la vemos ni advertimos tampoco cómo el acto de editar no es mero formateo sino la transformación de un manuscrito en un dispositivo que trae consigo, a través de la materialidad de su soporte, una propuesta de lectura específica. Si, como recuerda Calasso, una de las tendencias mayores del mercado de la edición en el ámbito anglosajón propugna la desaparición de los signos de identidad del libro como producto editorial, la idea del libro único se mueve justamente en un sentido contrario. Con ella se persigue mostrar que la tarea editorial es, en el fondo, un modo de creación que participa decisiva e insensiblemente en el proceso de elaborar una cierta mirada, una cierta comprensión de lo que leemos. Es, digamos, algo tan fundamental y subestimado como la música en el cine: raras veces reparamos en ella mientras seguimos una película, pero basta con que se interrumpa un instante para que de pronto se nos revele cuánto contribuye a nuestra comprensión intelectual y emotiva de la historia que se nos está narrando. Para Calasso y Herralde, la edición es ese quehacer las más de las veces invisible que configura materialmente el acto de leer un texto antes de que empiece la lectura y le aporta así un sentido a la obra prestando la máxima atención a cada detalle de los ejemplares que el lector ha de tener un día entre las manos.

Junto a la política de autor y a la idea del libro único, hay que hacerle un lugar finalmente a la imagen de la edición como bricolaje. Herralde vuelve insistentemente a ella en las tres semblanzas y nos recuerda que Calasso, siguiendo el ejemplo de Lévi-Strauss con los mitos, solía comparar la edición con un arte compositivo en el que los distintos elementos acaban formando no ya una vasta biblioteca, a la Borges, sino esa obra gigantesca y plural que es la casa editorial misma. En *La marca del editor* escribe: «Traten de imaginar una editorial como un único texto formado no solo por la suma de todos los libros que ha publicado, sino también por todos sus otros elementos constitutivos, como las cubiertas, las solapas, la publicidad, la cantidad de ejemplares impresos o vendidos, o las diversas ediciones en las que el mismo texto fue presentado. Imaginen una editorial de esta manera y se encontrarán inmersos en un paisaje muy singular, algo que podrían considerar una obra literaria en sí, perteneciente a un género específico.» Detrás de esta fantasmagoría descomunal y alucinante, está la idea de *forma* que, como bien señala Herralde, recorre el pensamiento de Calasso, asociando incesantemente escritura, creación y edición. Tanto es así que, para el maestro italiano, debía ser posible leer el catálogo de un editor como se lee, por ejemplo, el «Soneto en X» de Mallarmé, es decir, como un conjunto articulado en el que cada libro sería como un verso con una sonoridad propia, pero que se relaciona con el todo para forjar una composición viva, consistente y autónoma, en la que las distintas partes se corresponden. Si algo emparenta a Anagrama con Adelphi y con otras grandes casas europeas como Gallimard o Suhrkamp, es justamente este afán de estructurar unos catálogos orgánicos, reconocidos y coherentes, susceptibles de narrar por sí solos la historia cultural de un país, una época y/o una lengua. Obviamente, no hay nada más alejado de las listas incongruentes que suelen apiñar hoy en una misma pantalla las plataformas de distribución en línea o las que se construyen en algunos sellos a fuerza de algoritmos, informes de scouts y golpes de chequera. A Calasso y Herralde les unió esa exigencia que, cambiando de escala, traslada la necesidad de elaborar con cada libro una propuesta de lectura específica al nivel de la actividad editorial toda: «El primer y único arte de la edición es la forma», escribe el italiano, «la capacidad de dar forma a una pluralidad de libros como si fueran los capítulos de un único libro. Y todo ello teniendo cuidado

21

–un cuidado apasionado y obsesivo– de la apariencia de cada volumen, de la manera en que es presentado. Y finalmente también –y sin duda no es el asunto menos importante– de cómo ese libro puede ser vendido al mayor número de lectores.»

Si hemos de juzgar por la proliferación de sellos y casas independientes en los últimos años y por la diversidad que presenta hoy el paisaje editorial en España e Italia, valió la pena defender en su momento esa otra idea del oficio de editor de la que se habla continuamente en este libro. Fue el combate de una generación en la que Adelphi y Anagrama desempeñaron a menudo el papel protagónico de portaestandartes y que sin duda unió a sus fundadores como pocas causas habrían podido hacerlo. Herralde cita una nota de 2009 en la que Calasso le dice: «No querría que se tuviera la impresión de que hoy en día la edición, en el sentido en que he intentado describirla –es decir, la edición en la que el editor se divierte solo si consigue publicar buenos libros–, sea una causa perdida. Es, simplemente, una causa difícil.» Qué duda cabe de que lo sigue siendo. Ello no obsta, sin embargo, para que nuestra deuda con estos dos gigantes sea inmensa, pues a ellos y a su beligerante y exitoso ejemplo debemos en buena medida que haya podido salvaguardarse y consolidarse, en el tránsito entre dos siglos, una determinada manera de hacer libros que no forma parte del pasado sino que sigue presente y, esperemos, nos acompañará en el porvenir.

Basilio Baltasar,
El gran círculo calassiano

Roberto Calasso, escritor y editor, aristócrata del pensamiento y héroe cultural de una sofisticada comunidad estética, progenitor de la antigüedad, arqueólogo de las imágenes perdidas y antimoderno. Editor fiel a la tradición de inteligencia y sensibilidad de la cultura europea y un modelo de estilo, conocimiento y asombro. Su lúcida conciencia sobre el arte de escribir recorre una obra monumental y su magisterio, tan excepcional en el mundo de hoy, se despliega con virtuosa erudición, distinguida prosa y potencia discursiva.

Inmune al dictado ideológico del materialismo conductista, indiferente a la miopía consumista de la industria del entretenimiento, ajeno al mecanicismo enquistado en la mentalidad contemporánea, Roberto Calasso ha escrito una obra esencial a la hora de entender el sentido y significado de la gran cultura.

Sus ensayos meditativos sobre momentos cruciales de nuestra historia cultural abordan los aspectos más sutiles –desapercibidos o despreciados, ignorados o cegados– de los escritores (Kafka), los artistas (Tiepolo) o los poetas (Baudelaire). Ha desplegado una incisiva lectura de la literatura oriental, del olimpo griego, del panteón romano y del elenco de personajes que recorren la Biblia. Desvelando en su prolífica obra unas escrituras que nos parecerían más opacas sin su penetrante destreza para descifrar las esquivas creaciones del espíritu humano.

El tupido tejido de imágenes que custodia la memoria mitológica encontró en Calasso al intérprete que cada generación necesita para actualizar las poderosas narraciones de la antigüedad. Seguir la huella que los dioses han dejado en la historia de la imaginación y localizar el más apremiante de sus significados ha sido una de sus notables creaciones. Calasso es un políglota de los motivos simbólicos y con su perspicaz hermenéutica abarca el amplio repertorio de los saberes pendientes. Sus ensayos nos conducen hacia una renovada exégesis de la cultura, una reveladora evocación del matiz perdido y una vívida contemplación del escurridizo aliento creador.

La paráfrasis que nuestro autor dedica a las sentencias «enigmáticas y perentorias» de Walter Benjamin, ese «prodigioso alegorista», «cabalista camuflado y nómada», describe al mismo tiempo el gran circunloquio calassiano. En el «amasijo babélico de un texto para siempre corrompido», Benjamin encontró, dice Calasso, una experiencia que es «plenamente esotérica y plenamente profana». Una óptica dialéctica, dicen Benjamin y Calasso, que reconoce lo cotidiano como impenetrable y lo impenetrable como cotidiano. Con este epitafio secular se deja en suspenso la pedagogía de las viejas escuelas mistéricas y se confirma lo anotado por Marcos («nada oculto que no vaya a ser manifestado»). Benjamin anticipa la inversión de los valores epistemológicos que subraya Calasso y la mudanza cognitiva que acelera la metamorfosis de nuestro tiempo. Nos habíamos preparado para encontrar lo perdido y descubrir lo encubierto, mas ¿cómo aceptar que lo evidente es incomprensible?

Calasso ha encontrado en el ciclo narrativo de los Vedas los ecos de una antigua discusión y el pretexto para pensar de nuevo la causa de la literatura, el origen de la inspiración artística y la figura del poeta encargado de atrapar con palabras la más evanescente de las imágenes. Los autores de la tradición védica, cuenta Calasso, se estremecían y temblaban cuando recitaban sus cantos y no era menor la conmoción que inducían con sus gestos teatrales. Su cualidad no fue la delicadeza mundana por agradar a un público curioso, sino el destello sagrado de un don singular: los videntes adquieren un conocimiento preexistente «cuya percepción los dioses permitían de improviso».

Del milenario corpus védico, Calasso extrae la crónica de una disputa palaciega entre Mente y Palabra *(El ardor,* Anagrama, 2016):

«Yo soy mejor que tú, porque tú no dices nada que yo no comprenda.»

«Soy mejor que tú, porque hago que se entienda lo que tú conoces.».

Después de escuchar las reclamaciones de cada parte, el juez dirime y reconoce la supremacía de Mente. El mito védico sugiere así la dependencia del poeta con la fuente del conocimiento. Aunque luego, más tarde, quién sabe cuántos siglos después, tendrá lugar la insurrección de la literatura. Una gesta que Calasso atribuye a Farlimas («un hombre famoso por su habilidad para contar historias»), cuando en el legendario reino africano de Kasch «la palabra sustituyó a la sangre» y el autor fue considerado único creador de su obra.

Desde la legendaria ruptura, el escritor moderno –arrogante, displicente, escéptico, inteligente– se considera libre de los espinosos jeroglíficos de la escuela sapiencial y prefiere no complicarse la vida con la sombra del conocimiento perdido. Intuye que nada bueno sacará de la revelación. ¿Qué podría hacer con ella? A la mentalidad moderna le parece absurda cualquier otra manera de entender la constitución del mundo y no sabe cómo afrontar el perturbador deslizamiento: lo inmaculado se ha banalizado y lo trivial ha sido sacralizado. La alteración no es motivo de escándalo, pues la ofensa pasa desapercibida. Desconectado de las constelaciones de sentido, el autor ensimismado se resiste al remordimiento.

A este autor contemporáneo, que se obliga al oficio de escribir y al que sin embargo agita el presentimiento de un deber remoto y desconocido, cabrá hacerle dos preguntas. Una la formula Calasso a cuento de la destemplada ansiedad de nuestra cultura: ¿cuánta realidad es capaz de soportar el conocimiento? La otra pregunta, que Calasso cita en *Ka* (Anagrama, 1999), la hace

Narada, el poeta, el vidente védico: ¿cómo podéis crear si aún no conocéis? Los dos interrogantes marcan el compás de una incómoda disyuntiva y entre ambos se dirime el desenlace del escritor mundano. La sociedad del entretenimiento recompensa al autor de las historias que nos fascinan, lo eleva con honores y adula con elogios, pero en su furtiva intimidad no deja de sonar el inquisitivo reproche de un espíritu enojado. Como si detrás del telón murmurara un ingrato y pendenciero acusador.

En diferentes momentos de su obra Calasso nos recuerda la tenaz permanencia y la ineludible realidad de una extraña ceremonia: «El mundo se sacrifica a sí mismo: con otros nombres, dado que la divinidad se ha disipado.»

Aunque se haya perdido de vista la noción del drama original, el escenario en el que se representa la tragedia de la creación –la que dio origen al mundo y la que sostiene la existencia de los libros–, el escritor, especialmente el que percibe en su oficio la oscura amenaza de la retribución, asume a regañadientes confusas expiaciones. El instinto se devana en rituales fallidos pero siempre hirientes. Escindido por afanes desorbitados, desmembrado, se inmola sin saberlo en una pira invisible. El dolor psíquico sustituye a la ceremonia y la trasgresión a la ofrenda. El autor ofuscado ignora la lógica arcaica del trueque, pero no deja de reclamar la mejor parte de la transacción. De este modo acaba siendo su propio chivo expiatorio.

El Calasso imbuido por la literatura de la antigüedad advierte que «cualquier *opus* desciende de la *opera* sacrificatoria». Por más que persista en su negación y en el desorden de su extrañamiento, a merced del «incesante zumbido devorador» del mundo, al escritor le corresponde oficiar el sacrificio que ha subsistido misteriosamente en la literatura. La «inmensa novela divina se manifiesta lentamente» y en cada palabra se esconde el asesinato de la cosa y de ella emana una sustancia delicada y radiante. La palabra que, según Stefan George, «florece y resplandece hasta la médula».

Lo que viene a sugerir Calasso, con la sutileza de un estilo seductor, es que lo numinoso reclama su potestad, aunque nos creamos a salvo de su implacable avidez.

Habrá que adoptar una doble perspectiva (¿bohemia?) para entender la excepcional aportación de Roberto Calasso a nuestro proceso de mutaciones culturales. Desde que el florentino Marsilio Ficino descubrió y tradujo los manuscritos perdidos de la antigüedad, dando a su época la ocasión de ejercitarse en el conocimiento de la filosofía hermética, cada siglo, cada generación, se ven impelidos a emprender el mismo renacimiento. Autores alumbrados por el estigma rescatan textos y comentarios que sin ellos se perderían una y otra vez. La sociedad no instala este legado en su *paideia* ni en la imagen que se hace de sí misma, pero la sabiduría abre profundos y extraños cauces en el pensamiento contemporáneo. Gracias a Calasso, miembro ilustre de una estirpe cultivada, podemos atisbar a comprender el enrevesado bucle de un retorno cíclico: todo regresa aunque todo se escurra de nuevo.

La solemne circunlocución de Roberto Calasso con los poetas, filósofos, escritores y artistas discurre sobre lo indecible, reúne lo disperso y congrega lo que ha sido negado. Nuestro autor emprendió una vívida inmersión en las obras maestras de la literatura, y mediante la elipsis y la evocación dilata un argumento que no concluye ni se agota. La lectura de las piezas que Calasso ha enhebrado requiere hábitos de pensamiento ajenos a la obsesión analítica de nuestra época. En *El ardor* nuestro autor da cuenta del método que rige su interminable investigación: un pensamiento conectivo y analógico, adecuado a la sutil y vertiginosa expansión de lo imaginal, a la

34

ininterrumpida banda de figuras que brotan del mundo.

El hilo narrativo que Calasso descubre en unas decisivas obras literarias le permite seguir el rastro de una filosofía insomne, atenta a los indicios, a los signos de una escritura traslúcida que va más allá de las agradables historias que nos contamos para amenizar el paso del tiempo. Nos dice el escritor florentino que «el Satapatha Brahmana es un poderoso antídoto para la existencia actual, pues muestra cómo se puede vivir una vida totalmente dedicada a pasar a otro orden de cosas».

El libro védico lo cita Calasso en el memorable discurso que pronunció al recibir el Premio Formentor de las Letras en 2016. Su melancólica recapitulación, bajo el silbido de la brisa que soplaba entre los árboles, le permitió evocar los destellos que inspiraron los comienzos de su obra. Después de recordar a Borges y Beckett y los estremecimientos que hicieron temblar nuestra emoción estética, el escritor y editor se detuvo a mencionar la historia improbable y luminosa de una literatura que parece haber entrado en una enigmática fase de latencia.

Meditaciones tan distanciadas de nuestro satisfecho paradigma cultural –romo y obcecado–, tan extrañas al confort de nuestra mentalidad –adocenada y resignada– nos conducen hacia un lugar descuidado pero palpitante. Hacia allí se dirigen los lectores que nuestro celebrado escritor considera una «minoría aguerrida», «los creyentes lúcidos», los que han sabido pensar y ver en la zona intermedia que se abre «entre la sorda tranquilidad de lo profano y la límpida calma de lo divino».

Las vías que el conocimiento ha hendido en el arte, la literatura y la religión han sido transitadas por Roberto Calasso con la precisión del erudito, la elegancia del literato y la energía del pensador. Vamos a recordar a Calasso por su formidable mandato al frente de la editorial Adelphi, por su penetrante indagación en los anales de la cultura, la inflexible autoría de sus libros, la belleza dialéctica de sus figuras literarias, la magnética violencia de sus hallazgos intelectuales, y por haber rescatado la sabiduría encriptada en las obras maestras de la literatura.

Roberto Calasso, heraldo de la ilustre tradición docta, legatario del pensamiento que regresa a la luminosa escritura de los libros latentes.

Jorge Herralde,
Homenaje en el ciclo La Ciudad y las Palabras, Barcelona-Chile / *Tributo a Roberto Calasso*, Jornadas de Formentor Sevilla

Cartel de la intervención online de Jorge Herralde en el ciclo La Ciudad y las Palabras, Barcelona-Chile, 30 de septiembre de 2021.

En mis anteriores textos sobre Calasso (casi siempre con motivo de sus numerosos premios que le fueron otorgados en nuestro país) me refería en especial al Calasso editor de Adelphi y también al Calasso autor de tantos libros excelentes que hemos tenido la fortuna de publicar en Anagrama.

Pero ahora también hablaré de nuestra relación muy cómplice y divertida, así como de algunos aspectos quizá sorprendentes de este gran personaje.

Como es sabido, Adelphi se fundó en 1962 por Luciano Foà, que había sido secretario general de Einaudi, y por Roberto Bazlen, singular personaje y extraordinario lector que fue la primera alma de la editorial, con su idea del «libro único», esos libros en los que se ve que algo (muy importante) le ha ocurrido al autor y así se refleja en el texto. El primer libro de Adelphi fue *La otra parte,* de Alfred Kubin, única obra de un no-escritor (un precursor de Kafka, según Bazlen). Bobi Bazlen falleció muy pronto, en 1965.

En cuanto a Luciano Foà, después de diez años como secretario general de Einaudi, se puso al frente de Adelphi con una regla de oro: «En una editorial, como en un libro, no hay nada que no requiera la máxima atención.»

Y enseguida se incorporó, primero como colaborador externo, un jovencísimo Roberto Calasso, quien se convirtió en director editorial en 1971.

La estrategia de Adelphi se ha caracterizado por un proyecto inconfundible con la renuncia a lo «actual», a lo visible estentóreamente, a los títulos que pregonan los scouts y los agentes literarios. Esos combates, por otra parte, están perdidos de antemano ante unos rivales financieramente demasiado potentes.

Conocí a Calasso a principios de los años setenta en Frankfurt, cuando ambos éramos jóvenes novatos de la edición, él recién nombrado director editorial de Adelphi y yo que acababa de fundar Anagrama en 1969. Y hemos tenido una extraordinaria y divertida relación durante cincuenta años, coincidiendo en numerosas comidas, cenas, cócteles, etc. Con los stands en la Feria muy próximos, los visitábamos escrutando las novedades anuales y los títulos más destacados. Observación que, en algunos casos, tuvo efectos fulminantes: así, en 1986, Calasso se paró ante nuestro stand, en el que había un póster dedicado a la Biblioteca Nabokov. Lo mira y dice: ¡Qué buena idea! Y empezó a preparar su Biblioteca Nabokov. O yo, por ejemplo, observo en su stand su edición de *La leyenda del Santo Bebedor* de Joseph Roth, que me entusiasmó, y poco después aparece entre los primeros títulos de Panorama de narrativas con un adecuadísimo prólogo del gran Carlos Barral (bebedor asiduo como tantos de nosotros en aquellos tiempos).

Roberto y yo pertenecíamos a un grupo informal que coincidía en cenas, comidas y festejos varios: así también Inge Feltrinelli, Christian Bourgois, Klaus Wagenbach y tantos otros. Sobre todo, en los años setenta, ochenta y noventa del siglo pasado, Frankfurt era una fiesta para los editores amantes de la buena literatura. Luego, cuando los grandes grupos, la proliferación de agentes literarios y la crisis económica, el panorama era menos festivo (aunque no imposible).

Aquellos primeros años, Roberto tenía la complicada tarea de vender los derechos de la monumental edición de las *Obras completas de Nietzsche* (con 3.000 páginas adicionales inéditas), preparada durante años por Colli y Montinari, quienes habían intentado publicarla, sin éxito, en Einaudi. Recuerdo que me lo propuso, pero era una empresa que sobrepasaba notoriamente las posibilidades de Anagrama, aparte de su discutible pertinencia. La contrató Gallimard, lo que fue el primer paso de una gran relación de Roberto con dicha editorial. Y si recuerdo bien, más tarde la publicó Alianza en España.

Trayectoria de Adelphi
En los primeros tiempos, Adelphi publicó excelentes pero no abundantes libros. No pocos bajo la inspiración del «libro único» de Bazlen. El gran salto adelante lo dio explorando la literatura mitteleuropea con Viena como estandarte.

En palabras de Calasso, «El nexo diamantino entre el nombre Adelphi y Mitteleuropa se estableció entre 1970 y 1980, sobre todo a través de un determinado número de títulos de la Biblioteca. *Andrea,* de Hofmannsthal, abrió el camino, seguido, en la colección, por Kraus, Loos, Horváth, Roth, Schnitzler, Canetti y Wittgenstein».

Y pronto Calasso descubrió «definitivamente Austria; no solo como una entidad de la historia sino como un lugar del alma. Poco a poco ese país se fue poblando para mí, en su nudo de naciones y de diferencias: era igualmente la tierra de Kafka y de Schönberg, de Loos y de Kubin, de Altenberg y de Schiele, de Wittgenstein y de Freud, de Polgar y de Schnitzler». Todos ellos se incorporaron a Adelphi.

«Con Joseph Roth obramos un claro y decisivo cambio de rumbo. En su versión más radical, la idea bazleniana del libro único se oponía incluso a la idea de obra. [...] Publicamos toda la obra narrativa de Roth», que tuvo un éxito descomunal. «De hecho, es un procedimiento que desde entonces hemos aplicado, en cuanto la situación de los derechos de autor lo ha permitido, con algunos otros escritores: Blixen, Borges, Nabokov, incluso Maugham, y, en fin, con un impresionante despliegue de títulos, con Simenon.»

Y cabe destacar la progresiva presencia de libros de materia mitológica en las publicaciones de Adelphi y en algunos libros del propio Calasso.

En resumen, a partir de los años ochenta, en los que la Biblioteca Adelphi alcanzó los 600 títulos, la editorial adquiere un perfil inconfundible: es para muchos lectores la esencia de la calidad literaria y la editorial que el lector debe seguir. Empieza la progresión ininterrumpida de excelentes autores literarios internacionales y diríase que empieza la lucha sorda entre la gran Einaudi, con progresivos problemas financieros, y Adelphi, cada vez más asentada. Cabe decir que Adelphi contaba desde sus inicios con el apoyo del presidente de FIAT: Giovanni Agnelli. Por el contrario, en los años noventa, tuvo lugar la triste venta de Einaudi a una empresa propiedad de Berlusconi.

El toque Adelphi

«Es evidente», escribe Calasso, «que aún tiene cierta importancia, para algunas obras y para algunos lectores, el modo en que son presentados los libros y el contexto —que puede ser insinuado tan solo por un marco— en que aparecen. Precisamente esa es la función esencial de un editor. Mientras tal complicidad siga estableciéndose, la edición será un juego apasionante.»

Una definición de editorial según Calasso

En su libro *La marca del editor:* «Traten de imaginar una editorial como un único texto formado no solo por la suma de todos los libros que ha publicado, sino también por todos sus otros elementos constitutivos, como las cubiertas, las solapas, la publicidad, la cantidad de ejemplares impresos o vendidos, o las diversas ediciones en las que el mismo texto fue presentado. Imaginen una editorial de esta manera y se encontrarán inmersos en un paisaje muy singular, algo que podrían considerar una obra literaria en sí, perteneciente a un género específico.»

En *Cien cartas a un desconocido,* Calasso afirma: «Si un libro es ante todo una forma, incluso un libro compuesto de centenares (o millares) de libros será ante todo una forma. En el seno de una editorial del tipo que estoy describiendo, un libro equivocado es como un capítulo equivocado de una novela, una articulación débil en un ensayo, una mancha chocante de color en un cuadro.»

Dos especialidades de Calasso: los premios Nobel
y la recuperación de grandes autores olvidados
o negligidos

Una característica de Calasso, que irritaba notoriamente a algunos colegas italianos, fue la gran cantidad de premios Nobel que publicó. Nombres a menudo inesperados (lo que sucede con frecuencia con los elegidos de Estocolmo). El sistema de señales de Calasso para detectarlos era muy potente. Por una parte tenía una relación muy estrecha con grandes editores como el americano Roger Straus, de la editorial Farrar, Straus and Giroux, el alemán Siegfried Unseld, de Suhrkamp, el sueco Albert Bonniers, de Albert Bonniers Förlag, o el inglés Tom Maschler, de Jonathan Cape. Tanto ellos como importantes autores internacionales de Adelphi podían ser portadores de chismes o secretos potencialmente útiles. Un ejemplo: Joseph Brodsky, después de ganar el Premio Nobel, había profetizado en *petit comité* quiénes serían los siguientes ganadores, una clique de amigos: Octavio Paz, Derek Walcott y Seamus Heaney. Un acierto total. Solo se le escapó un poeta australiano entre los que estaban en su lista. Brodsky era autor y amigo de Roberto Calasso, creo que todos esos premios Nobel fueron publicados por Adelphi. Nosotros compartimos uno, el gran Derek Walcott, y en Anagrama publicamos a Kenzaburo Oé, Patrick Modiano, Kazuo Ishiguro y Olga Tokarczuk.

El caso Simenon

En cuanto a las recuperaciones, fueron muchas y, como curiosidad, destacaría, por ejemplo, a Somerset Maugham y a Georges Simenon, quienes, *a priori,* parecían poco adelphianos. Pero es muy especial el caso de Simenon, cuyas obras se convirtieron en bestsellers en las muchas ediciones que hizo Adelphi de sus títulos y fue uno de los puntales de la editorial. Con el «toque Calasso», Simenon pasó de ser considerado (injustamente) un simple autor policiaco a entrar en el Olimpo. Así, Gallimard lo publicó en su Bibliothèque de la Pléiade junto a premios Nobel y a autores literarios de primerísima línea.

Aunque su triunfo tan espectacular en Italia no se produjo en otros países a pesar de numerosos intentos.

Como si fuera un cuento, podríamos preguntar: «¿Cómo empezó?» Fue en Frankfurt y, por casualidad, fui testigo de ello. Allí, durante unos años, nos reuníamos con frecuencia en una mesa al fondo del gran salón del Frankfurter Hof con Vladimir Dimitrijević, fundador de la excelente editorial suiza L'Âge d'Homme, y algunos de sus colaboradores, Roberto Calasso, yo mismo y otros contertulios más episódicos. Allí fui testigo de súbitas conversaciones sobre Simenon, exhaustivas y un poco latosas, entre Dimitri y Roberto, quien le consideraba la máxima autoridad mundial en Simenon. Así lo escribió muchos años más tarde en *La marca del editor*. Y a partir de ahí se produce el extraordinario fenómeno Simenon en Italia. Simenon era un excelente escritor, pero en muchos países se lo tenía como un escritor de género. (Y, como curiosidad, la editorial de Dimitri publicaba en francés, por lo que nunca pudo editar a Simenon porque ya lo había fichado Gallimard. Es decir, se trataba de puro amor a su obra.)

En España también se publicaba a Simenon con sosegado éxito. Yo mismo leí durante mi adolescencia, en la biblioteca de la casa de mis padres, al menos una veintena de sus títulos publicados en castellano por Ferran Canyameres. Aprecié especialmente ciertas novelas americanas, muy duras. El autor me gustaba, claro, pero prefería con diferencia a Knut Hamsun, Aldous Huxley, Dostoievski, Stendhal, Kafka, por nombrar a algunos de mis favoritos.

Entre los primeros intentos de «exportar» el fenómeno italiano de Simenon, figuran los de dos editoriales españolas tan excelentes como Tusquets y Acantilado. Tusquets lo publicó durante ocho o diez años sin el éxito esperado. Tomó el relevo Acantilado, varios años más tarde, y tampoco funcionó. Y ahora hemos unido fuerzas Acantilado y Anagrama para publicar una colección conjunta de Simenon. Ojalá este nuevo intento funcione.

Adelphi y la política

En Italia, después de Mussolini y su férrea censura, aparecieron tres editoriales muy significativas: Einaudi, Feltrinelli y Adelphi, quizá las más interesantes y creativas. Las dos primeras, con fuerte connotación política de izquierdas, en especial durante las primeras décadas. Por el contrario, Adelphi «no se encuadraba», según frase del propio Calasso.

Según Calasso, nada más tedioso que las disputas sobre la hegemonía cultural de la izquierda durante los años cincuenta. Afirmaba que Adelphi salió indemne de las turbulencias políticas de aquellos quince años. Por cierto, que Adelphi quería diferenciarse al máximo no solo ideológicamente de Einaudi, su rival más temible, sino también en el aspecto físico, tan importante. Adelphi con unas portadas de color mate frente al restallante blanco einaudiano.

A Calasso no le gustaba hablar de política, así que no lo hacíamos; aunque sí hablábamos, y mucho, de libros, autores y editores (amigos o rivales), de los inevitables grandes grupos y de los no menos inevitables agentes literarios, así como dilucidábamos cuál era el bellezón literario del año en la Feria de Frankfurt. (Roberto era un experto ojeador. Acaso decir esto no sea políticamente correcto. *Never mind*, así ocurrió.)

La edición y la diversión

Afirmaba Calasso que el gran editor Roger Straus (durante tantos años al frente de la mítica editorial neoyorquina Farrar, Straus and Giroux) fue, más que ningún otro, quien nos ayudó a resolver el misterio que se encierra en la siguiente pregunta: ¿por qué trabajar en una editorial es tan divertido?

En *La marca del editor* escribe: «Pero si se tenía algún tipo de relación con Roger uno estaba obligado a creerlo. Bastaba pasar cinco minutos con él para comprender que si la actividad del editor no es sacudida con frecuencia por una carcajada quiere decir que hay algo que no funciona. Entonces, si nuestra vida de editores no nos ofrece suficientes ocasiones para reír, eso significa solo que no es suficientemente seria.» Una travesura de Calasso, un proyecto imposible: sugería que un grupo de editores escribiera sobre las más notorias patologías del ego de aquellos escritores que conocíamos bien. Un proyecto rigurosamente anónimo y clandestino que no pasó de conversaciones malvadas entre colegas.

A propósito de un diario que escribí de varios días en París, durante un Salón del Libro, y que publiqué en mi libro *Opiniones mohicanas* con el título de «Divertimento etnográfico», Calasso me escribe un divertido mensaje:

Carta (15/01/2001): «Caro Jorge, il primo autore nuovo e succulento dell'anno è stato per me Herralde con le sue *Opiniones mohicanas*. Ho apprezzato il libro in tutti i dettagli. Ma il mio pezzo preferito, come puoi imaginare, è il Divertimento etnográfico. Evento memorabile nella storia dell' editorial: per la prima volta si racconta come è fatta, quarto d'ora per quarto d'ora, una tranche de vie di un editore. [...] Perfetto, inoltre, il tono impassibile da cronista azteca.» (Disculpen el egotrip.)

A lo que tres días después le respondo: «Caro Roberto, me alegra que te haya divertido mi libro. Me ha hecho mucha gracia lo del "tono impassibile da cronista azteca"...» (Por cierto, había publicado este libro en México.)

Con Calasso compartimos, sobre todo, la vocación desatada por la edición, el empeño por la «marca del editor», el deseo de sorprender pero seguir siendo coherente, y, desde luego, como resumen, el divertirnos enormemente con el trabajo editorial.

Así lo muestran las significativas y perentorias palabras de Calasso sobre la edición:

«Un verdadero editor es, ante todo, el que tiene la insolencia de pretender que, como principio general, ninguno de sus libros se le caiga de las manos al lector, ya sea por tedio o por un invencible sentimiento de extrañeza.»

«El primer y único arte de la edición es la forma: la capacidad de dar forma a una pluralidad de libros como si fueran los capítulos de un único libro. Y todo ello teniendo cuidado –un cuidado apasionado y obsesivo– de la apariencia de cada volumen, de la manera en que es presentado. Y finalmente también –y sin duda no es el asunto menos importante– de cómo ese libro puede ser vendido al mayor número de lectores.»

«El editor debe encontrar placer en leer los libros que publica.» Subraya la necesaria complicidad entre editores y lectores que «puede crearse solo sobre la base de reiteradas experiencias de no desilusión» y siguiendo una «regla mínima: pensar que no desilusionará aquello que no nos ha desilusionado a nosotros mismos».

Y referido a sus propios libros: «El lector puede leerlos de la forma que quiera, incluso leerlos desde el fin al inicio. No son lineales, no tienen un fin, en todo caso una estructura en espiral. Pero, como ocurre con cualquier libro, si el lector se deja acompañar por la mano del autor, no es una mala idea», afirma con cierto retintín.

En resumen, nos hemos divertido mucho con Calasso durante tantos años. Aunque podía parecer adusto y distante, tenía un gran sentido del humor.

Curiosidades lectoras: primeros libros preferidos de Calasso
Entre los escritores favoritos de Calasso en su adolescencia figuran: Proust, Baudelaire, Kafka, Emily Brontë y sus *Cumbres borrascosas,* y *Los papeles póstumos del Club Pickwick,* de Charles

Dickens, así como la colección Il Pensiero Storico, dedicada a la más alta filología clásica.

Los últimos libros de Calasso

Justo el día de la muerte de Calasso se distribuyeron en las librerías de Italia dos libritos de la Piccola Biblioteca Adelphi firmados por Roberto: uno era *Bobi,* dedicado a Bobi Balzen, tan admirado por Calasso y que murió a los pocos años de inaugurar Adelphi. El otro, *Memè Scianca,* un texto sobre su familia, adolescencia y juventud. Sorprende el carácter autobiográfico de estos textos, muy inhabitual en Calasso, que podría interpretarse quizá como una especie de despedida de la vida. Entre otros datos, habla de un abuelo paterno, Ernesto Codignola, fundador de La Nuova Italia, una excelente y exigente editorial.

Por cierto, Carlo Feltrinelli, que desde hace unos años se ocupa de la promoción de los libros de Adelphi, estuvo hace pocos días en Barcelona y hablamos mucho de nuestro amigo Roberto. Me dijo que había dejado preparados aún tres o cuatro libros más.

Desde hacía años, Calasso trabajaba por la mañana en su casa, básicamente escribiendo sus textos, y por la tarde iba a la editorial, pero a partir de la pandemia dejó de ir.

Calasso y el cine

Un aspecto menos conocido de Calasso es su entusiasmo por el cine en su juventud. Así lo explica en una entrevista en *La Repubblica* de 2016: «Estaba enfermo del cine, "malade du cinéma". Ahora mucho menos. El verdadero "rapto" fue de jovencito. Iba al cine dos o tres veces al día y la pasión continuó hasta pasados los treinta. Consideraba a Marlon Brando un mutante, así lo pensaban muchos.» Y afirma: «Ahora parece solamente un gran actor, pero recuerdo perfectamente que cuando aparecía, uno pensaba que pertenecía a una especie distinta de la nuestra, como aterrizado de otro planeta. Únicamente durante las primeras películas, más adelante se convirtió solo en una star.»

Su antepenúltimo librito, también de 2021, *Allucinazioni americane,* está dedicado a su admiradísimo Alfred Hitchcock y sus películas *La ventana indiscreta* y *Vértigo.*

El Comité de Honor

Cuando Basilio Baltasar se inventó el Comité de Honor del Prix Formentor, formado por Roberto Calasso, Antoine Gallimard y yo mismo, ellos con sus abuelos editores, Ernesto Codignola y Gaston Gallimard, respectivamente, y padres y familias vinculados con el más alto prestigio editorial y cultural, advertí un notorio déficit para mí, con un padre empresario metalúrgico y mi tío ingeniero textil. Pero, en fin, nada muy grave.

Calasso visita España

Roberto visitó España en numerosas ocasiones, en general vinculadas a las presentaciones de muchos de sus libros publicados por Anagrama. Además, estuvo en Bilbao en 2005 cuando Anagrama fue homenajeada en la Feria del Libro de Bilbao con ocasión de su 35 aniversario. Recibió el Premio Atlántida otorgado por el Gremio de Editores de Cataluña. Y, naturalmente, estuvo en Mallorca para recibir el Premio Formentor que tanta ilusión le hizo, como comentó en varias ocasiones.

La última vez que lo vi fue en 2019, hace tres años, con motivo de la fiesta de los 50 años de Anagrama, donde estuvo divertido y feliz, como lo constatan las fotos del evento.

Tras uno de sus viajes escribía:

10/5/1999 – Caro Jorge, I giorni a Barcelona erano propio belli, superflua conferma dell' acordo non solo fra autore-editore, ma fra editore-editore. Grazie per il *Southern*. Troverai qui, in cambio, il pezzo estilavante di Richler. Se mai fatti ... con Ute. Mandami altri articoli su *Ka* quando usciranno.

Mis libros preferidos de Calasso

Es imprescindible subrayar la ambiciosísima obra literaria de Roberto Calasso, de quien hemos publicado todos los títulos de la obra narrativa completa, así como los imprescindibles ensayos. Realiza así una proeza única en la historia: ser un editor extraordinario y, a la vez, un escritor excepcional.

Entre sus libros narrativos, mis preferidos son *La ruina de Kasch, Las bodas de Cadmo y Harmonía, K.* (de Kafka) y *La Folie Baudelaire.* Y entre los ensayos destacaría *La marca del editor* y *Cien cartas a un desconocido,* selección de las contraportadas escritas por Calasso, quien afirma:

59

«Una contraportada es un desafío: se sabe que el arte del elogio preciso no es menos difícil que el de la crítica inclemente.»

Como curiosidad, en Italia su libro más vendido fue, con 626.000 ejemplares, *Las bodas de Cadmo y Harmonía* (compitiendo con *El nombre de la rosa* de Umberto Eco, toda una hazaña al tratarse de un libro muy exigente), y después *La Folie Baudelaire*, con 155.000 ejemplares.

La relación del autor Calasso con Herralde, como editor suyo en España, ha sido siempre muy buena. En parte debemos darle las gracias a Edgardo Dobry, su magnífico traductor al castellano.

Final

En *Adelphiana*, el formidable volumen conmemorativo de los 50 años de Adelphi publicado en 2013, podemos leer en un texto introductorio de Calasso: «El desafío ha consistido en atravesar, paso a paso, una selva de más de dos mil títulos dejando filtrar el aire del tiempo.» Y también podía leerse, en el mismo volumen, el texto que escribí sobre Bolaño para el día de su funeral en Barcelona. (Otra autocita, intenten disculparme.)

Y para terminar de una vez: al lector interesado en el autor Calasso le recomiendo el libro de Elena Sbrojavacca titulado *La literatura absoluta. La obra y el pensamiento de Roberto Calasso,* publicado en febrero de 2021 por Feltrinelli. Es el más ambicioso y profundo sobre Calasso. Nos dice Elena que en este libro investiga «la enigmática complejidad de su obra». Es decir, «abróchense los cinturones».

Pero quiero repetir, aunque ya es sabido, que Calasso es un caso único en la historia de la edición: se convirtió en un extraordinario editor y a la vez en un escritor excepcional de quien en Anagrama, como tampoco me canso de repetir, hemos tenido la fortuna de publicar casi toda la obra.

Entre los numerosísimos elogios a la obra literaria de Calasso en Italia, España y tantos países, me limitaré al muy contundente del gran Leonardo Sciascia: «Sus obras están destinadas a no morir.» Así sea.

Gracias por todo, Roberto, pero ahora ya no podemos imaginar la Feria de Frankfurt sin ti. Gracias, querido Roberto, no puedo imaginar la Feria de Frankfurt sin nuestras charlas, nuestras ironías y nuestras risas.

Edgardo Dobry,
¿Existe un sistema Calasso?

Cuando tenía cerca de cuarenta años, hacia 1980, Roberto Calasso parece haber intuido que el mundo contemporáneo debía ser observado a partir de aquello que *no* tiene, que ha perdido. Es más: la pérdida más importante es la que ya nadie parece recordar o percibir y que sin embargo resulta decisiva: la relación con lo invisible, con el misterio, con lo divino. Eso exigía un largo rodeo por aquello que parece remoto y sin embargo se manifiesta como el negativo de la foto de la modernidad. Si la intuición era cierta, la indagación tenía que incluir momentos y figuras tan diversos como Talleyrand, los mitos griegos e hindúes, Baudelaire, Kafka, Proust, Tiepolo, Ovidio y la Torá, mediante una serie de libros escritos a lo largo de cuarenta y cinco años. Leído ahora el ciclo completo, ¿resulta una colección de caprichos o existe un «sistema Calasso»? En tal caso, ¿cómo describirlo?

Empecemos, entonces, por las etapas finales del trayecto. En *El Cazador Celeste,* penúltimo volumen de la extensa obra unitaria –más de dos mil páginas– que va de *Las ruinas de Kasch* (1983) a *Il libro de tutti i libri* (2019), hay un capítulo central, «Consejo nocturno», que glosa el último de los grandes diálogos de Platón, *Las leyes.* Calasso se comporta allí como un testigo que siguiera a hurtadillas el paseo de los tres interlocutores del diálogo: Clinias de Creta, Megilo de Esparta y el que responde al nombre de «el ateniense», que es el reflejo de Platón. Caminan y conversan en el trayecto entre Cnosos y el Monte Ida, lugares sagrados de Creta, «el origen de todo para los griegos». Discuten acerca de un problema crucial para los encargados de idear el sistema legal de la polis, particularmente la Constitución: «¿Es aún posible afirmar que lo divino impregna las leyes a las que los hombres se someten? ¿O tales leyes se deben solo al cambiante arbitrio de los hombres?» Los tres hombres que dialogan son ancianos; cuando lo escribió, Platón tenía más de setenta años. Y Calasso, por su parte, tenía setenta y cinco cuando publicó *El Cazador Celeste.* Autores y personajes son hombres experimentados, y también, o por eso mismo, escépticos respecto de las ideas heredadas, particularmente las que parecen las verdades más asentadas en el tiempo que les ha tocado vivir. Están más allá del conservadurismo: sospechan firmemente que hay algo extraviado, y que el papel del escritor, del pensador, es señalar ese núcleo vacío y el modo en que de este emanan buena parte de los males del presente. No parecen confiar en que eso sea recuperable, pero consideran imprescindible señalarlo, a contracorriente de todo lo establecido.

De la obra de Platón, el mundo moderno ha tenido una notoria preferencia por *La República*, considerada como la condensación de sus ideas sobre política, educación y conocimiento de la verdad. La alegoría de la caverna o la expulsión de los poetas de la polis permean la filosofía de la modernidad. ¿Por qué Calasso prefiere *Las leyes?* Precisamente porque, siendo posterior a *La República*, muestra esa última etapa en la que Platón, después del fracaso en el intento de hacer política práctica en Siracusa, y dejando de lado a Sócrates para poner en escena al ateniense, que es un trasunto de sí mismo, «ha renunciado a la imagen de la sociedad justa». En cambio, asume la cuestión de lo divino o, mejor dicho, de la

67

desaparición y la prescindencia progresiva de lo divino. No casualmente *El Cazador Celeste* viene encabezado por una cita de *Helena* de Eurípides: «¿Qué es dios y qué no es dios, y qué hay en medio?» «*Las leyes* no son, como *La República,* la temeraria propuesta de un nuevo orden social, sino una extrema barrera defensiva frente a un mundo preparado y dispuesto a prescindir de lo divino». Se diría que Calasso está pensando en su propia obra cuando escribe esa sentencia, cuando concibe el libro como barrera frente a la presión del mundo presente. Porque *Las leyes* son «una extremada tentativa de oponerse a una marea que sube y todo lo inunda»: la confianza en que solo existe lo visible, lo tangible, lo razonable, lo secular.

¿Cuándo empezó esa marea? Probablemente con el sofista Protágoras, quien proclamó al hombre como medida de todas las cosas. Y se consagró con Aristóteles, dado que «en su *Política* se habla del dios y de los dioses porque la religión forma parte de la sociedad, no porque la sociedad deba ayudar a percibir al dios».

Aquí aparece otra de las impaciencias de Calasso, correlativa con la ausencia del dios: la sociedad. Considerada como nuevo absoluto, como aquello que lo contiene todo y es a la vez medio y fin, la sociedad es uno de los ídolos favoritos de la era moderna. En uno de los breves volúmenes de sus últimos años, *La actualidad innombrable,* Calasso se refiere con duras palabras al padre de la sociología, Émile Durkheim, y a quien este consideraba su maestro, Saint-Simon: «Fueron los primeros sacerdotes [...] de un nuevo culto: el culto de la sociedad divinizada. En otros tiempos bastaba con divinizar al emperador para asegurar la cohesión social. Ya no. Se volvió necesario divinizar a la sociedad misma.»

Esta intolerancia se encuentra incluso allí donde menos se la espera. En el breve *Ciò che si trova solo in Baudelaire,* publicado apenas unas semanas después de la muerte del autor, se asoma una figura menor del poblado panteón literario francés del siglo XIX, el católico Ernest Hello. Para este furibundo detractor de Diderot y de la Ilustración, «el misterio había sido el enemigo principal del siglo XVIII». En este pasaje, en apariencia casual y secundario, aparece otro de los términos clave del pensamiento de Calasso: el misterio. Lo divino, el misterio, lo invisible: distintos modos de nombrar lo mismo; distintas maneras de señalar la pérdida, en el mundo moderno y contemporáneo, de toda noción de trascendencia más allá de la sociedad y sus usos. El ilustrado siglo XVIII desembocó en el romanticismo, violenta reacción contra la idea establecida de que no había nada esencial que no pudiera ser determinado por las ciencias. A finales del XIX y principios del XX, el simbolismo y las vanguardias mostraban que, una vez más, la sensibilidad poética y artística se rebelaba contra el ya asentado y omnipresente racionalismo capitalista. Y, como queriendo cumplir con ese ciclo de cien años, a finales del siglo XX y principios del XXI, Calasso se enfrenta a la «nueva mojigatería agresiva» (véase *La actualidad innombrable)*, la del laicismo y el secularismo humanista.

No defendió una determinada fe, palabra que, por otra parte, aparece poco en sus escritos. Las grandes religiones monoteístas no parecen haber sido su interés inicial ni principal. En todo caso, necesitó transitar una decena de volúmenes y muchos cientos de páginas para llegar a la Torá, al «Libro de todos los libros», a la que dedicó el último de sus grandes volúmenes, aparecido un año antes de su muerte. Lo que le interesaba eran los lugares, las fórmulas, los textos, las imágenes donde la comunicación entre lo humano y lo que está más allá de lo humano podía establecerse. En los dos libros que dedicó a la mitología y los textos sagrados de la India antigua

–*Ka* y *El ardor*–, y que suman más de mil páginas, su esfuerzo se dirige a dos fines: la narración de esos mitos despojados de todo lenguaje erudito y narrados como si estuvieran sucediendo ahora; y la exhibición, para el lector contemporáneo, de la insuperada sofisticación de los tratados en torno al Veda. Tratados que, en buena medida, prescriben una vasta e intrincada serie de normas para la ejecución del sacrificio. Es otro de los conceptos centrales de Calasso, porque los ritos sacrificiales representan la forma universal de la comunicación con lo invisible. En *La actualidad innombrable* lo resume así: «Si, en los lugares y en las formas más distintas, tantas tribus humanas han celebrado sacrificios, tenía que haber algún motivo profundo. O, incluso, un nudo de motivos, que nunca se termina de desentrañar. Es cierto que el mundo secular no ha aceptado nunca la celebración de sacrificios. Era una parte del pasado de la que no se sabía bien cómo liberarse.»

Ya en *La ruina de Kasch* se había manifestado, acerca de este punto, contrario a las posiciones del etnólogo más influyente del siglo XX, Claude Lévi-Strauss, para quien el sacrificio consistía en una operatoria de sustituciones entre el sacrificador, la víctima y la divinidad. Calasso rechaza la idea de que lo sacrificial pueda reducirse a una fórmula universal, a una función dentro de una estructura: «En la ciudad ortogonal del intelecto, el sacrificio es el barrio del puerto: callejas estrechas, transacciones ilegales, olor a mar.»

Enfrentarse a las grandes figuras del pensamiento moderno fue una tarea a la vez callada y estridente que Calasso se creyó en el deber de cumplir. Cuando, a principios del siglo XXI, apenas se podía hablar de Baudelaire sin partir de Walter Benjamin, Calasso propuso, en las más de cuatrocientas páginas de *La Folie Baudelaire*, un recorrido alternativo. Baudelaire ya no es el poeta del capitalismo y del fetiche de la mercancía sino el artista que se atreve a asumir su destino como tal hasta las últimas consecuencias frente a aquel (Sainte-Beuve) que se corta las alas de albatros para llevar una vida tolerable y adecuada. De allí la importancia que le da al patético episodio en que Baudelaire presenta su candidatura a la Académie Française y Sainte-Beuve, que formaba parte de ella, se encarga de ridiculizar esa solicitud.

En el último capítulo de *La literatura y los dioses* (publicado originalmente en 2001), Calasso acuña el concepto de «literatura absoluta», que parecía sospechosamente cercano al que, en

1978, habían puesto en circulación dos germanistas franceses, Philippe Lacoue-Labarthe y Jean-Luc Nancy: *El absoluto literario.* Para los franceses, discípulos de Heidegger y de Derrida, ese concepto centraba el estudio del primer romanticismo, el de Jena y la revista *Athenaeum,* en que la literatura se concibe como un absoluto, como espacio autónomo y cerrado sobre sí, capaz de crear su propia teoría y de absorber en su seno a la filosofía. Calasso, en cambio, piensa en un absoluto mítico: en la literatura como el lugar donde los dioses encuentran su última morada y su definitiva capacidad de reaparición. Apoyándose, además, en otro gesto fuerte: la preferencia, frente a las grandes obras de Nietzsche, de un breve texto de juventud, publicado póstumamente: *Sobre verdad y mentira en sentido extramoral.* A poco que se lean esas páginas resulta evidente la fascinación que tenían que causarle a Calasso; baste recordar el íncipit: «En algún apartado rincón del universo centelleante, desparramado en innumerables sistemas solares, hubo una vez un astro en el que animales inteligentes inventaron el conocimiento.»

La división, el corte tajante con el pasado fue su gran preocupación. Al final de *El ardor* lo dice con nitidez: «El mundo actual está constelado de siluetas que aspiran a convertirse en mitos. La expresión "mitos de hoy", empero, es un abuso léxico. Un mito es una bifurcación de una rama de un inmenso árbol [...]. Ese árbol ya no existe desde hace largo tiempo, hachas bien afiladas lo han abatido.» Esas «hachas bien afiladas» no son exclusivas de la modernidad: Aristóteles, como vimos, ya las había usado. Pero en la modernidad plasman definitivamente su trabajo –literalmente– tajante: la secularización ha cumplido la labor con tal éxito que ya nadie parece darse cuenta de que ese pasado pertenece al tronco de nuestra civilización y por eso sigue existiendo. El último capítulo de *K.* está dedicado a los denominados «aforismos de Zürau», las breves prosas que Kafka escribió cuando se sabía cercano a la muerte. Uno de los favoritos de Calasso es el que dice que «la expulsión del Paraíso es eterna en su parte principal». Es decir, lo que parece remoto sucede eternamente: la expulsión del Paraíso está sucediendo ahora mismo: eso es el mito. Los mitos griegos siguen vivos en cuanto se los lee con viveza, como en *Las bodas de Cadmo y Harmonía*.

¿Qué papel juega la literatura en ese orden de cosas? Es sabido que Calasso dedicó su vida a la literatura: como lector, como escritor, como editor. En algunos casos esas tres facetas se superponen, como en uno de los últimos libros, acerca de ordenar la biblioteca (en el que, por cierto, vuelve implícitamente sobre un tema benjaminiano: la biblioteca propia como autobiografía). La respuesta sobre el papel de la literatura permea toda la obra de Calasso y se articula como asunto central en *La literatura y los dioses,* uno de los libros programáticos de su proyecto, resultado de un ciclo de conferencias dictado en Oxford en 2000. Allí aparecen inesperados vasos comunicantes entre «la escuela pagana» de Baudelaire y Lautréamont, el cazador de ninfas Humbert Humbert inventado por Nabokov, los dioses antiguos que se dejan ver en los himnos de Hölderlin y en las elegías de Rilke, y el *Zibaldone* de Leopardi: «Este mostró una notoria inclinación por las "fábulas antiguas", en cuanto restos arcanos de un mundo en el que la razón no había aún desplegado sus potentes efectos, que "hace pequeños y viles y anula a todos los objetos sobre los que ejerce su poder, anula lo grande, lo bello..."»

Calasso no ve la aparición de dioses y mitos en la literatura y el arte como tópicos o temas: al contrario, observa la insistencia de esas potencias que, barridas de la conciencia del mundo moderno, encuentran allí su última morada, desde la que

75

emergen constantemente. Así se explica que el único italiano al que le dedicó un libro completo no fuera un escritor sino un artista: Giambattista Tiepolo, el último exponente de la gran escuela veneciana, el que, a pesar de haber trabajado siempre por encargo, pobló sus óleos y frescos de efebos, sátiras, magos, Venus, Cronos y Moisés.

En algún momento de su trayectoria, Calasso parece haber soñado con causarles un buen dolor de cabeza a los críticos e investigadores de su obra mediante el juego que establecían los títulos de sus libros, donde aparecía la sílaba *ka*, que es, además, la primera de su apellido: *Las ruinas de Kasch, Las bodas de Cadmo y Harmonía, Ka, K...*, *El Cazador Celeste*. Quizás lo abandonó porque ya resulta suficientemente complejo el sistema de citas y referencias bibliográficas sobre el que se articula su obra. Aunque también en esto se apartó de la norma: practicó una forma particular de la notación que elimina del texto toda marca, todo paréntesis, toda nota al pie, para impedir que el zumbido de la mosca filológica disturbe el desarrollo del discurso. Las referencias están al final del libro y se localizan a partir del número de página y de línea en que empieza la cita o alusión. ¿Es otra coquetería, un arresto de aristocracia intelectual para diferenciarse de la corriente general incluso en ese detalle menor de la composición del libro? Posiblemente, pero no solo. La *legibilidad* parece ser el objetivo central de tales maniobras. Como lo es, también, la visible prestidigitación genérica. Porque ¿a qué género pertenecen los libros de Calasso? Parece evidente que su forma natural es el ensayo, pero esa adscripción es desviada de todas las maneras posibles: Calasso les da a sus libros una narratividad que, en muchos momentos y por largas páginas, se acerca al sortilegio de la novela, los hace publicar en colecciones como Panorama de narrativas de Anagrama (la mayor parte de sus volúmenes, y todos los más extensos, son amarillos y no negros), los titula de modo que nunca es explícito el contenido analítico de sus desarrollos.

Así quiere tomar distancia de dos polos a la vez: el academicismo y el comentario. Rechaza el primero porque busca un público no necesariamente especializado. Esto es evidente, sobre todo, en sus libros de materia hindú: allí donde los estudiosos dedican su vida a encontrar algún aporte al orden o interpretación de un pasaje del *Rigveda*, Calasso procede sin cumplir con los protocolos de la disciplina especializada: sabe que no será él quien agregue algún nuevo conocimiento sustancial sobre la gran tradición asiática (aunque no se priva de discutirle a Von Wilamowitz la traducción de un determinado término sánscrito). En cambio, parece fascinado por lo que esa masa de vedas y brahmanas escritos hace tres mil años pueden enseñar, hoy, a un lector occidental. No le interesa la discusión de la minucia sino la visión del conjunto. Al principio de *El ardor* escribe, acerca de la India védica: «Fue la civilización en la que lo invisible prevalecía sobre lo visible», de la que «solo quedan los textos: el Veda, el Saber». Pero está hablando al mismo tiempo del revés de la trama, del mundo actual, la civilización en la que lo visible prevalece y donde los textos no prescriben los acontecimientos, son siempre posteriores.

Fue, a su manera, un alto divulgador de saberes, de autores, de obras que, para buena parte de sus lectores, hubieran sido inaccesibles de otro modo. Hizo legible su propio itinerario intelectual abriéndose paso entre los especialistas que, desde su punto de vista, solo escriben para colegas e iniciados. Aunque para él esos saberes eran, a la vez, la plataforma desde la que pensar en las preocupaciones que hemos glosado, su trabajo de divulgador forma parte de una figura que defendió con ahínco: la del intermediario. Su poética de la edición, tal como queda expuesta en *Cien cartas a un desconocido* y en *La marca del editor,* argumenta la necesidad de esa labor ubicada entre el texto crudo y el lector. Porque la horizontalización del mundo digital y su tendencia a eliminar todas las formas de intermediación entre el consumidor y el producto era, en su perspectiva, parte de esa peligrosa forma contemporánea de la mojigatería. De allí también que *Cómo ordenar una biblioteca* sea, en buena medida, una carta de amor a otro de los espacios de intermediación amenazados: las librerías.

Fue su sistema asistemático pero no capcioso: de su difícil negociación con el mundo en que le tocó vivir hizo una literatura extensa y abierta, confiada en que el lector, antes de ser convencido, debe ser cuidadosamente seducido.

Premio Formentor de las Letras
Roberto Calasso, *Discurso de recepción
del Premio Formentor*
Jorge Herralde, *Palabras de felicitación*

ROBERTO CALASSO
Discurso de recepción
(Formentor, 16 de septiembre de 2016)

Las piedras perforadas de la literatura
    En las *Réflexions diverses* de La Rochefou-
cauld se leen estas palabras sorprendentes: «El
arte de la guerra es más grande, más noble y más
brillante que el de la poesía.» Afirmación que
puede causar un estremecimiento de indignación
en quienes –y no son pocos– se declaran devotos
de la poesía y producen poesía pésima. Para La
Rochefoucauld se trataba de una obviedad. De
hecho, si se piensa en los versos que circulaban
en los *salons* de las *précieuses* y que La Rochefoucauld conocía a través de su amante, Madame de
Longueville, y se los contrapone al arte de la guerra practicado en aquellos mismos años por el
Grand Condé, que era el hermano de Madame
de Longueville, no cabe duda de que el arte de la
guerra parecerá de más amplio aliento respecto

de aquel género de poesía. Ahora bien, ese momento y esa poesía no eran sino una de las tantas oscilaciones en los modos de concebir la literatura que se sucedieron desde que a Hesíodo las Musas le dijeron que de ellas podía esperarse tanto lo verdadero como lo falso. Cualquiera que sea el asunto de que se trate, la literatura ha incluido en sí misma periódicamente lo más santo y lo más sacrílego que existe. Su campo de aplicación ha variado continuamente. Ha sido el tallado de un camafeo sobre el seno de una dama, así como el territorio inabarcable de las crónicas cósmicas.

Y así llegamos a un día del año 1961 en que se dio a conocer la noticia del Premio Formentor concedido a Borges y Beckett. Recuerdo aquel día y la impresión que tuve de que se trataba de un premio iluminado, a pesar de que ningún *ex aequo* resulta del todo justo. Parecía evidente el fundamento de la elección: la literatura. Esta palabra singular, después de haber atravesado tantas aventuras, y de haber sido durante largo tiempo considerada incómoda o tan solo funcional desde un determinado punto de vista, en los tiempos de los primeros románticos alemanes, en los tiempos de Hölderlin y de Novalis, se había vuelto el *jinn* salido de la botella y, no limitada ya por ninguna constricción, había comenzado a vagar, mezclándose con todo, sin prejuicios y sin obstáculos. Escondiéndose en cada pliegue de lo que emerge, aceptaba una vida clandestina, de la que volvía a aflorar después de haber absorbido en sí todo lo que había atravesado. ¿Con qué objeto? Vista desde fuera, no cambiaba demasiado, a excepción de una cierta torsión de la forma. Los sonetos podían seguir siendo sonetos, pero si los escribía Baudelaire transmitían eso que Hugo denominó *«un frisson nouveau»*. ¿Se trataba solo de un estremecimiento aleatorio y efímero? ¿O la literatura entera se abismaba a convertirse en un único y gran estremecimiento? De hecho, una vez sometido al *ordo rerum* custodiado por la retórica, el *nuevo escalofrío* fue aquello en lo que, durante un siglo por lo menos, se reconoció la literatura.

Durante ese mismo periodo tuvo lugar otra conquista, más discreta. Nadie la reivindicó para sí, aunque algunos la practicaron con suma pericia. La conquista consistía en este precepto: *Todo puede ser considerado literatura.* Borges fue su inigualado maestro y ejecutor. Era una gran liberación y una enorme expansión del territorio, que corría en paralelo a otro precepto, silenciado esta vez, según el cual la literatura misma *no debía ser*

definida. Entre junio y julio de este año sucedió
–en la siempre útil sección de cartas del *Times
Literary Supplement*– una curiosa polémica: se
discutía acerca de si Platón puede ser considerado «gran literatura». Es evidente que a uno de los
interlocutores no le había llegado la noticia de
aquella remota conquista, de la que estoy hablando, según la cual no solo Platón, con toda
evidencia, sino también ese objeto hoy ya arcaico
que es una guía de teléfonos puede ser considerado literatura. Bien lo sabía Georges Simenon,
que ojeaba las guías telefónicas como si fueran
poemas épicos, a la búsqueda de nombres para
los personajes de sus novelas.

¿Qué consecuencias ulteriores comportará
este modo de considerar todo *literatura?* Sin
duda no quitará nada a la dureza y crudeza de
aquello que es. Sin embargo tendrá un efecto be-
néfico, el *alivio de la respiración,* comparable al
de los «ladrillos naturalmente perforados», *svaya-
matrnn,* que se insertaban en puntos estratégicos
de la superficie del altar védico del fuego. ¿Cuál
era su función? Según el *Satapatha Brahmana,*
«la piedra perforada naturalmente es el aliento,
porque el aliento encuentra por sí solo su vía en
el cuerpo». Era una irrupción del vacío en medio
de la plenitud uniforme.

De este modo, enfrente y a un lado de todas las esclarecidas certezas que nos rodean –científicas, políticas, económicas y de cualquier otro género–, siempre perentorias y sin embargo opresivas, las piedras perforadas de la literatura dejan entrever algo que no pretende ser ni siquiera una certeza sino, en todo caso, una forma y un modo de acercar formas, con el único objeto de contemplarlas. Porque para el artista, como en una ocasión escribió Kundera, «la forma es siempre más que una forma».

Intentemos ahora regresar desde los Vedas hasta el año 1961, cuando se premió a Borges y Beckett. ¿Qué ha sucedido desde entonces? ¿Qué proceso ha tenido lugar en las sucesivas eras geológicas? A primera vista –considerada en su informe conjunto–, se diría que la literatura ha entrado en una fase de latencia. No se sabe muy bien a qué aplicar ese nombre, incluso cuando a lo largo de estos años han surgido obras excelentes. Algo parece evidente: los grandes objetivos que eran comunes a escritores tan opuestos como Musil y Joyce no parecen hoy estar de actualidad. Sin embargo, cuando Beckett decía que el fin de la escritura era *fracasar mejor* tenía todavía en mente esos objetivos. Pero hoy, por lo que parece, se han desvanecido. Nietzsche habló del «ojo mítico» que aún vivía en la Grecia clásica. Lo cierto es que existe también un *ojo literario,* que periódicamente se empaña o se despierta. Sería inútil buscar en la literatura misma el origen de ese empañamiento, que es, en cambio, una de las muchas consecuencias de un proceso ubicuo y omnipresente. Proceso que ha perturbado la entera forma de vida occidental, y podría ser definido como una exacerbación de la *confusión de las lenguas.* En medio de este vórtice en expansión, la literatura ha sido solo un lugar circunscrito y privilegiado en el que se podían advertir las escaramuzas de lo que estaba sucediendo.

Una señal nada despreciable de este curso de los acontecimientos se puede encontrar en un artículo del remoto 1839, publicado por Sainte-Beuve bajo el título ominoso de «De la littérature industrielle». Basta citar una frase: «La industria penetra en el sueño y lo forja a su imagen, volviéndose ella misma tan fantástica como él.» Es inevitable ver en estas palabras una anticipación de lo que Adorno llamó «industria cultural», expresión que hoy suena anticuada y solemne para describir algo que envuelve al planeta como una película impenetrable, o, si se quiere, una colorida nube informática. ¿Cómo reconocer ahí la literatura? Será una empresa ardua, proseguía Sainte-

Beuve, porque en el nuevo panorama que entonces –repitámoslo: en 1839– se anunciaba, «todo el mundo, al menos por una vez en su vida, habrá tenido su página, su discurso, su publicidad, su brindis, y será *autor*». Cuando Andy Warhol, en la misma década en la que tuvo inicio el Premio Formentor, dijo que todo el mundo tendría su cuarto de hora de fama, seguramente ignoraba que se estaba revelando entonces como un preciso y sintético continuador de Sainte-Beuve, aunque los separara una completa incompatibilidad fisiológica.

¿Cuál fue el acontecimiento que desencadenó la reflexión de Sainte-Beuve? El hecho, en sí «modesto» en un principio, más tarde arrasador, de que en los diarios parisinos había empezado a insertarse publicidad pagada. Fue entonces cuando la palabra *réclame* entró en la lengua francesa, como un neologismo que todavía exigía una aclaración en nota al pie. Podía parecer una novedad como tantas otras, y sin embargo era un ser provisto de una monstruosa capacidad de crecimiento. Sainte-Beuve no tardó en darse cuenta. Al principio, parecía un fenómeno lateral. Pero «pasó rápidamente a prodigio. Las consecuencias de la publicidad fueron rápidas e infinitas». Y siguen siendo así a dos siglos, casi, de distancia.

Una no despreciable diferencia, entre los millones de diferencias que separan el año 1961 del 2016, es que si entonces el mundo estaba convencido de fundamentarse sobre el petróleo de las Siete Hermanas, hoy ese papel es asumido por la publicidad que emana de Palo Alto y de Silicon Valley. Al menos si se entiende por publicidad algo que va mucho más allá del carácter demoniaco de la mercancía y del imperativo de vender. Temo que esto último sea solo el aspecto exotérico del fenómeno, mientras que el esotérico fue percibido por una niña que, hace unos años, cuando en un programa de televisión le preguntaron qué le gustaría ser de mayor, contestó: «La publicidad.»

Toda forma de literatura, lo quiera o no, está fijada a esta superficie ardiente y ubicua. Esa atracción por la clandestinidad y el camuflaje, que fue la vocación de eso que se denominó «lo moderno» y hoy aparece como un derrelicto obsoleto, se volvió entretanto una necesaria medida de autodefensa y supervivencia. La única estrella polar es una experiencia de lo que se denominó *samvega* y, en palabras de Coomaraswamy, significaba «denotar el shock o la sorpresa que se siente cuando la percepción de una obra de arte se vuelve una experiencia esencial». Para la literatura no existe otra prueba, ni otra verificación. Como se lee en Plotino: frente a una pintura que remite a algo ulterior, en aquel que mira «la emoción mueve a los Eros».

Comparando el aquí y el ahora de la literatura con los de aquel día de 1961, se impone otra consideración: difícilmente hoy un grupo de editores encontraría un territorio común en el que debatir, eligiendo al fin dos guardianes comparables a Borges y Beckett para sellar la paz. Difícilmente se encontraría un público amplio, que corresponde a una ya fantasmagórica *République des Lettres,* que pueda aprobar las motivaciones de ese acuerdo final. Tanto más feliz parece entonces el hecho de que en este magnífico lugar, en el que parece haberse recogido la gracia del cielo, un grupo de personas afines se haya reunido para dar continuidad a la historia improbable y luminosa de la que he apuntado alguna muestra. Tanto mayor es, en fin, la gratitud por el hecho de que la atención de ustedes se haya cruzado con los libros de quien ahora les habla.

[Traducción de Edgardo Dobry]

JORGE HERRALDE
Palabras de felicitación
(Formentor, 16 de septiembre de 2016)

En 2013 apareció un bellísimo y voluminoso artefacto, con el título *Adelphiana,* conmemorando los 50 años de la editorial, precedido de un texto de Roberto Calasso en el que escribe: «El desafío ha consistido en atravesar, paso por paso, una selva de más de dos mil títulos, dejando filtrar el aire del tiempo.» Y añade una nota a pie de página con una información esencial: «Entre todos los vicios no puede decirse que haya una falta de obstinación.» (Por supuesto que no.)

Yo voy a hablar, como colega, de nuestra relación, y muy en especial de su trayectoria editorial y de sus reflexiones sobre nuestro oficio a partir de un libro reciente, breve e indispensable: *La marca del editor,* una condensación de sus muchos saberes y convicciones profesionales.

Nos hallamos ante un caso muy singular, posiblemente único: un gran editor, de largo aliento, que ha desarrollado de forma paralela una amplia, ambiciosa y reconocidísima obra literaria. Adelphi nació en 1962 y Anagrama en 1969. Nos conocimos en los primeros setenta y desde entonces hemos coincidido en innumerables cenas, cócteles, fiestas o conversaciones en nuestros stands o en súbitos encuentros en los pasillos en Frankfurt. Y también en Barcelona, donde hemos presentado tantos libros suyos, en Turín, Milán o Londres, en la Feria de Guadalajara. Una ininterrumpida relación profesional y amistosa que, con mucha frecuencia, por usar una expresión del gran Sergio Pitol, ha sido «bendecida por las risas».

En el texto «Los libros únicos» Calasso relata los primeros años de Adelphi, con Luciano Foà al frente, que, tras diez años como secretario general de Einaudi, decidió hacer algo radicalmente distinto, con una regla de oro: «En una editorial, como en un libro, nada es irrelevante, no hay nada que no requiera la máxima atención.» Y Calasso describe a Foà: «Incluso físicamente parecía un escriba egipcio, agazapado con su tablilla sobre las piernas, la mirada fija ante sí. Como el escriba, sabía que su fin era el de transmitir con la máxima precisión algo que debía ser recordado, ya se tratase de una lista de víveres o de un texto ritual. Nada más ni nada menos. Solo se interesaba por ir hasta el fondo.»

Y preparando la primera Adelphi estaba también Bobi Bazlen, lector singular que aspiraba a una edición crítica de Nietzsche y a una colección de clásicos, y también a dar a conocer una serie de libros que no había conseguido que se publicaran en Einaudi y otros sellos (en sus libros de informes editoriales, editados por Calasso, hay una larga lista de sus entusiasmos que no encontraron respuesta positiva). Lo que Bazlen llamaba libros únicos. ¿Y qué es un libro único?: «El ejemplo más elocuente es el primer título publicado por Adelphi: *La otra parte,* de Alfred Kubin. Novela única de un no-novelista. Un libro que se lee como en una alucinación poderosa. Libro escrito desde el interior de un delirio que duró tres meses [...]. En definitiva, libro único es aquel en el que rápidamente se reconoce que al autor le ha pasado algo y ese algo ha terminado por depositarse en un escrito.»

Y ya desde los preámbulos de Adelphi se encontraba un jovencísimo Roberto Calasso: «Cuando Bazlen me habló por primera vez de ese nuevo sello editorial que iba a ser Adelphi, puedo decir el día y el lugar, porque era mi vigésimo primer cumpleaños, mayo de 1962 [...].»

95

Así, se inicia un largo trayecto con la edición crítica de Nietzsche y con los «libros únicos». Luego, entre 1970 y 1980, mediante la Biblioteca Adelphi, la colección estrella, se establece, escribe Calasso, «un nexo diamantino entre el nombre Adelphi y Mitteleuropa» (Hofmannsthal, Kraus, Loos, Horváth, Roth, Schnitzler, Canetti o Wittgenstein, a los que siguieron muchos otros). Y los transeúntes de librerías, los lectores y los críticos podían ya descifrar qué diablos era Adelphi, «superado el desconcierto de la inconexión» con aquellos libros únicos tan diversos entre sí. De pronto *tout se tient*, todo se enlaza: «el reconocimiento de una conexión evidente», Calasso *dixit*.

A partir de ahí se abre un abanico, y además de sus intereses filosóficos y científicos, de su dedicación a Oriente, a la India, y de los rescates mitteleuropeos, irrumpen en Adelphi extraordinarios autores de la mejor literatura contemporánea que llevan a la editorial a su mayor esplendor, a su máxima penetración entre los lectores. La lista es larguísima: la explosión Kundera, Sebald, Coetzee, Walcott, Faulkner, Naipaul, Chatwin, Szymborska, Burroughs y naturalmente Nabokov.

Mención aparte merecen *i miracoli Calasso*: cómo transformar a Simenon, un escritor de quioscos, poco considerado, en un autor literario fundamental (mucho antes de que lo hubiera acogido Gallimard en La Bibliothèque de la Pléiade) y, además, en uno de los longsellers más infalibles de la casa. Más *miracoli:* cuando el filón mitteleuropeo parecía definitivamente agotado, Calasso rescata a Sándor Márai y redescubre a Irène Némirovsky. O empieza a publicar a Carrère a partir de *Limónov* con un éxito arrollador y también a Yasmina Reza con *Felices los felices.* Más difícil todavía: dos escritores anglosajones de modesta relevancia en sus países, Cathleen Schine y Patrick McGrath, se convierten en bestsellers, pero tan solo en Italia. O reaparece triunfalmente *La tía Marne* (alguna otra cabriola no resulta tan bien, ni siquiera la magia Adelphi es siempre infalible: como es lógico, Calasso lamenta el error..., naturalmente el error de los lectores y los críticos, que no han estado a la altura).

Pese a mi tenaz insistencia, frecuenta poco, demasiado poco, el ámbito hispano, pero figuran en Adelphi nada menos que la Biblioteca Borges y la Biblioteca Bolaño, repescado este último con *2666* y luego recuperando toda su obra. Calasso comenta en su libro el caso de Gaston Gallimard y cómo una de sus artes mayores era el de repescar a autores importantes que la equivocada lectura de algún colaborador había rechazado, como sucedió con Marcel Proust.

En el ámbito de la literatura italiana destaca, por ejemplo, en 1979, la gran novela *El día del juicio,* de Salvatore Satta, mientras que en el catálogo se van recogiendo, cito de memoria, las obras casi completas de Gadda, Savinio, Sciascia, Flaiano, Manganelli, Arbasino, Anna Maria Ortese, Cristina Campo y tantos otros autores fundamentales. En el texto «La edición como género literario», Calasso pone énfasis en el concepto fundamental de la forma: «Claude Lévi-Strauss propuso considerar una de las actividades fundamentales del género humano –la elaboración de mitos– como una forma particular de bricolaje. Después de todo, los mitos están constituidos por elementos ya listos, muchos de ellos derivados de otros mitos.» Y sugiere que se considere también el arte de la edición como una forma de bricolaje. «Traten de imaginar una editorial como un único texto formado no solo por la suma de todos los libros que ha publicado, sino también por todos sus otros elementos constitutivos, como las cubiertas, las solapas, la publicidad, la cantidad de ejemplares impresos o vendidos, o las diversas ediciones en las que el mismo texto fue presentado. Imaginen una editorial de esta manera y se encontrarán inmersos en un paisaje muy singular, algo que podrían considerar una obra literaria en sí, perteneciente a un género específico. [...] El primer y último arte de la edición es la forma: la capacidad de dar forma a una pluralidad de libros como si fueran los capítulos de un único libro. Y todo ello teniendo cuidado –un cuidado apasionado y obsesivo– de la apariencia de cada volumen, de la manera en que es presentado. Y finalmente también –y sin duda no es el asunto menos importante– de cómo ese libro puede ser vendido al mayor número de lectores.»

Y termina diciendo en «Solapa de solapas»: «En el seno de una editorial del tipo que estoy describiendo, un libro *equivocado* es como un capítulo equivocado de una novela.»

Otras afirmaciones perentorias de Calasso:

«Un verdadero editor es, ante todo, el que tiene la insolencia de pretender que, como principio general, ninguno de sus libros se le caiga de las manos al lector, ya sea por tedio o por un invencible sentimiento de extrañeza.»

Y también: «El editor debe encontrar placer en leer los libros que publica.»

Subraya la necesaria complicidad entre editores y lectores que «puede crearse solo sobre la base de reiteradas experiencias de no-desilusión.

[...] Regla mínima: pensar que no desilusionará aquello que no nos ha desilusionado a nosotros mismos.»

En *La marca del editor* Calasso destaca una paradoja: «Una de las nociones hoy veneradas en cualquier ámbito de la actividad industrial es la de la *marca*.» El programa y el catálogo son «la forma misma de la editorial». Ahora bien, afirma, si una editorial no se concibe como forma, es incapaz de segregar ese elemento mágico, esencial, para tener algún éxito en el mercado: la fuerza de la marca. Y considera que la nueva y poderosa figura del gerente editorial no puede «sino diluir la singularidad de la propia marca», para concluir: «Hasta ahora nunca ha sucedido que el nombre de un gerente quede vinculado a algún acontecimiento memorable del mundo de la edición.» Y se ocupa sucintamente del papel de los agentes literarios: «Es obvio que el juicio del agente puede ser más agudo del que, en un tiempo, fue el juicio del editor. Pero el agente no dispone de una forma, ni la crea. Un agente no tiene más que una lista de clientes.» Punto y aparte. Tema liquidado.

Y a pesar de los funestos pronósticos sobre la edición, y en especial de la edición literaria, Calasso no se rinde: «No querría que se tuviera la impresión de que hoy en día la edición, en el sentido en que he intentado describirla –es decir, la edición en la que el editor se divierte solo si consigue publicar buenos libros–, sea una causa perdida. Es, simplemente, una causa difícil» *(fecha: 2009)*.

En otro libro, *La literatura y los dioses,* aborda el tema de «la literatura absoluta». Es decir: «*Literatura* porque se trata de un saber que se declara y se quiere inaccesible por otra vía que no sea la composición literaria; *absoluta,* porque es un saber que se asimila a la búsqueda de un absoluto, y por tanto no puede referirse a nada que sea más pequeño que el todo.» Según Calasso, «para seguir la historia accidentada y tortuosa de la literatura absoluta», solo podemos fiarnos de los escritores. Y menciona, entre otros, a Proust, Benn, Valéry, Brodsky, Marina Tsvietáieva, Karl Kraus, Borges, Nabokov, Manganelli, Calvino, Canetti o Kundera. Y afirma que todos «hablan de lo mismo», aun sin nombrarlo. Y dicha literatura se reconoce «por una cierta vibración o luminosidad de la frase (o del párrafo, la página, el capítulo, el libro entero)». «Un nuevo estremecimiento» o «la sacudida estética». Y para terminar esa suerte de síntesis incompleta de su texto, cito una de sus frases: «Entonces llega Nietzsche y comienza el lenguaje, que no quiere (y no puede) sino fosforecer, brillar, arrebatar, aturdir.»

Y, ya casi para terminar, recordaré mi encuentro inesperado con *La rovina di Kasch* (Roberto llevaba muy en secreto este proyecto), a mediados de los ochenta, un libro que inauguró, sin anunciarlo, esta «obra en marcha» de Calasso, difícil de definir, «helicoidal», apunta el autor en una entrevista, que cuenta ya con ocho volúmenes y que imagino que habrá sido fundamental para la concesión de este premio. Empecé a leerlo en un tren en un viaje editorial. Y solo con abrirlo noté un sobresalto: estaba pasando algo.

De entrada, Calasso le da la palabra a Talleyrand, que se convierte en «maestro de ceremonias del libro, el más clarividente y el más detestado, el más moderno y el más arcaico de los políticos». Y entre otras marcas que efectué en la lectura del libro, se encuentra, a las pocas páginas, este párrafo restallante: «En realidad, existe un gran parecido entre Goethe y Talleyrand, ¡dos almas de príncipes! [...] Goethe no poseía, sin embargo, la impertinencia con la que Talleyrand ladeaba la cabeza, ni su ojo fascinante, entornado, la mirada de víbora lánguida, porque esto son cosas espontáneas y naturales que Talleyrand poseía —¡dones de Dios o del diablo!–, mientras que nada es espontáneo y natural en Goethe, ese actor de ópera, siempre delante de un espejo...» Y así, con este libro de Calasso, tuve, imagino, el especial estremecimiento que provoca «la literatura absoluta».

Gran y merecido premio, pues, para Roberto Calasso, Calassísimo, como le llamamos los amigos, con zumbona admiración, cuando realiza una de sus imprevisibles performances.

Posiblemente el primer peldaño de la frondosa «leyenda Calasso» tuvo su origen en una frase del fundador de la Escuela de Frankfurt, Theodor Adorno. Después de conocer a un jovencísimo Calasso, Adorno comentó: «Este Roberto no solo ha leído todos los libros que he escrito sino también los que todavía no he escrito.» Así consta en las crónicas de la edición.

Yasmina Reza,
Esbozo de Roberto

En septiembre recibí por correo los dos últimos libros de Roberto Calasso, *Bobi* y *Memè Scianca.* Los abrí esperando absurdamente encontrar, como siempre, una nota breve y amable. No había nada. Eso sí era un certificado de defunción. Debo a Calasso el honor de figurar entre los escritores de Adelphi. Compartíamos amistades, especialmente con Teresa Cremisi y Milan Kundera. Leyendo *Memè Scianca,* descubrí con alegría que compartíamos también nuestro primer amor literario: *Cumbres borrascosas,* de Emily Brontë. No sabría cómo calificar nuestro vínculo. Nos reíamos y nos escribíamos. Me enviaba sus libros. Leía en su lengua los pasajes que no eran demasiado difíciles. Al final me atreví a escribirle en italiano.

Cada vez que nos veíamos nos reíamos. Una risa inefable, de complicidad íntima, que nació el día en que comentamos nuestro primer encuentro. Fue en 2013. Teresa Cremisi y Jorge Herralde le habían hablado a menudo de mi trabajo. Había leído *Felices los felices* y se disponía a publicarlo en Italia. Teresa había organizado un encuentro en París, en su oficina de Flammarion, cuyas ventanas dan al Teatro del Odéon. Nos presentaron rápidamente y la puerta se cerró en silencio. Roberto me habló enseguida del texto. Una exposición amable y detallada, acompañada de algunas reservas, nada graves desde su punto de vista. Por mi parte, no dije nada. No tuve ni motivos ni espacio para hacerlo. Apenas hubo terminado su soliloquio, Roberto empezó a aburrirse. Un aburrimiento fatal y opresivo. Se acercó a la ventana para ver si llegaba el taxi que había pedido la asistente. Como no vio nada, se dirigió hacia la puerta a preguntar. No había nadie. Volvió a la ventana con gesto angustiado y abatido. Salí yo a buscar a alguien. Mientras él miraba hacia la calle con el abrigo abotonado hasta el cuello, nos avisaron de que el taxi no tardaría. Roberto recuperó ligeramente la energía y bajamos.

Esperamos en la acera en silencio. Como íbamos en la misma dirección, le pedí permiso para acompañarle una parte del camino. Me miró con ojos horrorizados, ¡el pobre pensaba que se había librado de mí! En el taxi encontramos un modesto tema de conversación sobre las vacaciones de invierno y Suiza. Eso nos permitió aguantar hasta la rue de Sèvres, donde nos separamos.

Unos días más tarde, les expliqué el encuentro a Milan y Vera Kundera. Se rieron y le telefonearon para saber por qué se había aburrido conmigo. Roberto contestó: «Ah, pero ¿se dio cuenta?»

Carlo Feltrinelli

He sido un ávido testigo de la amistad entre Roberto Calasso y Jorge Herralde, de la que este precioso volumen, impulsado y cuidado por el editor de toda la obra de Calasso en España, es una prueba ejemplar. Anagrama se ha hecho cargo de gran parte del proyecto *unicum* del Calasso escritor (una inmersión en un magma de más de 5.000 páginas publicadas), y pronto publicará los dos textos autobiográficos, *Bobi* y *Memè Scianca*, que aparecieron en Italia el 28 de julio de 2021, el mismo día de la muerte de su autor.

Sé que Herralde ha estado trabajando mucho en este recuerdo y homenaje desde ese mismo momento: diría que fue su forma de reaccionar ante la pérdida de un amigo y compañero de viaje. Las biografías intelectuales de ambos coinciden con la larga aventura de dos editoriales fundadas con pocos años de diferencia: Adelphi en 1962, Anagrama en 1969. Dos editoriales muy diferentes, dos perfiles editoriales claramente distintos, y sin embargo con muchos puntos de contacto. Por supuesto, los numerosos y formidables libros publicados por ambos, pero sobre todo esa maniática forma de entender esta loca profesión y su simbiótica relación con el Catálogo editorial. El Catálogo es la materia de las grandes editoriales, es decir, un viaje que deambula, ondula, cruje, da sustancia, crea centros de fuerza en un camino que se asemeja a la sinuosidad de un rastro de tinta. La estructura es puntiforme, en algunas partes más densa, en otras más dentada. Cada punto es un libro que es parte constitutiva de un mosaico que, *ante todo,* surge de la mente de editores capaces de crear grandes itinerarios intelectuales.

Con Adelphi, Calasso ha construido un «canon alternativo» en la edición italiana e internacional, y también por el cuidado de los textos, de las cubiertas y de todos los elementos gráficos. La inmensa telaraña de sus intereses y obsesiones nos ha llevado a territorios inéditos, no publicados o pasados por alto, que han creado una constelación que sería imposible resumir ahora con el simple ejercicio de *name dropping.* Lo que importa es el «enjambre luminoso» que trae consigo esta constelación, fruto de un trabajo incesante, sin derogación, con una ambición tan alta.

Yo también he tenido el privilegio de conversar muchas veces con Calasso, de ser su amigo y de compartir ferias en Frankfurt y otras ciudades del mundo. A finales de julio de 2019 fuimos juntos a Barcelona para la maravillosa fiesta *d'autrefois* que Jorge y Lali organizaron con motivo del cincuenta aniversario de Anagrama. Recuerdo que, antes de llegar, recalamos en un excelente bar de cócteles de la calle de Aribau, donde el autor de *Las bodas de Cadmo y Harmonía* me sorprendió con el relato de una anécdota sobre un concierto de Jimi Hendrix al que había asistido en 1968, en el teatro Brancaccio de Roma. ¡Qué vida tan fantástica! De ahí nos fuimos a la fiesta. La última gran fiesta antes de la pandemia. La última gran fiesta con Roberto Calasso.

Anexo

ENUMERACIONES VARIAS

Los libros de Calasso en Anagrama (14 títulos)
9 PANORAMA DE NARRATIVAS
La ruina de Kasch
Las bodas de Cadmo y Harmonía
Ka
K.
El rosa Tiepolo
La Folie Baudelaire
El ardor
La actualidad innombrable
El Cazador Celeste

4 ARGUMENTOS
Los cuarenta y nueve escalones
La literatura y los dioses
Cien cartas a un desconocido
La marca del editor

Cómo ordenar una biblioteca

*Autores de Adelphi publicados en Anagrama
(10 autores)*

Giorgio Colli	Ana Maria Ortese
J. Rodolfo Wilcock	Giampaolo Rugarli
Salvatore Satta	Guido Morselli
Mario Brelich	Aldo Busi
Giorgio Manganelli	Carlo Rovelli

Autores en común Adelphi-Anagrama (19 autores)

Knut Hamsun	Dereck Walcott
Colette	René Girard
Oliver Sacks	Jean Echenoz
Robert Hughes	Emmanuel Carrère
Evelyn Waugh	Yasmina Reza
Pierre Michon	Antonin Artaud
Nabokov	Jean Rhyss
Alan Bennett	J. R. Ackerley
Thomas Bernhard	Franz Werfel
W. G. Sebald	

Roberto Bolaño, aquí y allá

En Adelphi 16

Sepolcri di cowboy
Lo spirito della fantascienza
La pista di ghiaccio
Il gaucho insopportabile
Notturno cileno
Puttane assassine
I detective selvaggi
La letteratura nazista in America
Un romanzetto lumpen
Stella distante
Chiamate telefoniche
I dispiaceri del vero poliziotto
Il Terzo Reich
Amuleto
Tra parentesi
2666
2666-II
2666-I

En Anagrama 16

La pista de hielo
El gaucho insufrible
Nocturno de Chile
Putas asesinas
Los detectives salvajes
La literatura nazi en América
Una novelita lumpen
Estrella distante
Llamadas telefónicas
Los sinsabores del verdadero policía
El Tercer Reich
Amuleto
Entre paréntesis
2666

La Universidad Desconocida
El secreto del mal

Paul Otchakovsky-Laurens, Jorge Herralde, Roberto Calasso, Katharina Fröhlich, Oliver Cohen. En el centro, sentado en el suelo, Morgan Entrekin. Curso sobre edición dirigido por Jorge Herralde en la Universidad Menéndez Pelayo, Santander, 2001.

Roberto Calasso, Francisco Rico, Jorge Herralde y Jaume
Vallcorba, después de la presentación de *La literatura y
los dioses,* de Calasso, en Barcelona, 2003.

Jorge Herralde, Eduardo Rabasa, de la editorial Sexto
Piso, y Roberto Calasso, en la Feria Internacional de Guadalajara, 2004.

José Antonio Marina, Jorge Herralde y Roberto Calasso en la exposición *Anagrama 35 años,* celebrada en la Feria del Libro de Bilbao en 2015.

Roberto Calasso, Jorge Herralde y Silvia Sesé, Salón Internacional del Libro de Turín, 2019.

El agente Andrew Wylie, Roberto Calasso y Jorge Herralde en la Feria de Frankfurt en el año 2017. © S. S.

Jorge Herralde y Roberto Calasso en la fiesta del 40 aniversario de Anagrama. © Andrea Resmini.

Jorge Herralde y Roberto Calasso en la celebración del 50 aniversario de Anagrama, Barcelona, 2019. © Jane Pilgrem.

Roberto Calasso y Jorge Herralde en el almuerzo del día del 50 aniversario de Anagrama. Barcelona, 2019. © Andrea Resmini.

Pere Portabella, Jorge Herralde, Juan Pablo Villalobos y
Roberto Calasso en la fiesta del 50 aniversario de Anagrama, Barcelona, 2019.

Cóctel de 50 aniversario de Anagrama. Los autores y editores internacionales invitados a la fiesta con Roberto Calasso y Jorge Herralde en el centro. © Andrea Resmini.

Cualquier día en cualquier lugar. © Lisbeth Salas, 2007.

ÍNDICE

Nota del editor   7

Gustavo Guerrero, *Lecciones de los maestros* . .   9

Basilio Baltasar, *El gran círculo calassiano* . . 25

Jorge Herralde, *Homenaje en el ciclo
La Ciudad y las Palabras,* Barcelona-Chile,
/ *Tributo a Roberto Calasso,* Jornadas
de Formentor, Sevilla 37

Edgardo Dobry, *¿Existe un sistema Calasso?*. . 63

Premio Formentor de las Letras 2016 81
    Roberto Calasso, *Discurso de recepción* . . 83
    Jorge Herralde, *Palabras de felicitación* . . 93

Yasmina Reza, *Esbozo de Roberto* 105

Carlo Feltrinelli 111

Anexo 117

Fotografías 123